WILD BACKEN

P.

Eveline Wild
Fotografiert von Stefan Eder

WILD BACKEN

Pichler

Eveline Wild

INHALT

Liebe Backbegeisterte!

Ich behaupte jetzt einfach mal, ich hatte Glück. Und zwar jede Menge davon. Glück mit der passenden Berufswahl, Glück, qualitätsbewusste Lehrer zu finden, und Glück, ein ständig unterstützendes Elternhaus zu haben.
Dazu kam eine stets gute Tagesform bei unterschiedlichsten Wettbewerben. Gemeisterte Herausforderungen, die mit der Goldmedaille bei den Berufsweltmeisterschaften World Skills 2001 in Seoul honoriert wurden.
Es gab natürlich immer wieder Kollegen und Weggefährten, die auf meinen Stil einwirkten. Manche beeinflussten durch schlichte Raffinesse, andere durch detailverliebte Spielereien. Am dankbarsten bin ich aber meinen wissbegierigen Lehrlingen, die mich immer nach Kräften unterstützten, denen kein Firlefanz zu dumm war und die mir eine ständige Weiterentwicklung abverlangten.

Die Inhalte und Tipps des Buches sind über die Jahre gesammelte und ständig verfeinerte Lieblingsrezepte. „Wild Backen" ist kein reines Anfängerbuch. Die meisten Rezepte sind jedoch mit einiger Übung und einem gut ausgestatteten Backfundus problemlos machbar – komplexere Torten und Desserts wurden rezeptiert und fotografiert, um zu inspirieren und zu zeigen, wo die Reise hingehen kann.
Um Ihr Geschick zu schulen, wurden im Buch immer wieder QR-Codes platziert, mit denen Sie Kurzvideos über die wichtigsten Arbeitsabläufe abrufen können. Immerhin bleibt ja bekanntlich alles besser im Kopf, wenn man's mal gesehen hat. Am meisten aber bringt es immer noch, wenn man's selber gleich nachmacht.

In diesem Sinne,
an die Backform,
fertig,
los!

Eveline Wild
EDER
WOHLFÜHL
HOTEL

5 goldene Regeln, bevor es losgeht:

1. „Backe mit Liebe!" – was man gern macht, wird gut!

2. „Verschaffe dir ausreichend Ruhe!" – Schluss mit Multitasking. Wenn man etwas noch nie gemacht hat, bedarf es einfach mehr Aufmerksamkeit!

3. „Verschaffe dir ausreichend Platz!" – Gilt in erster Linie für die Arbeitsfläche, aber auch für den Platz in Kühl- und Gefrierschrank.

4. Eine hohe Qualität an möglichst natürlichen Zutaten ist ausschlaggebend für ein tolles Ergebnis!

5. Und letztens: „Nicht gleich die Flinte ins Korn werfen!" Übung macht den Meister.

Gutes Gelingen!

Das große G
die Summe kleine
Freuden

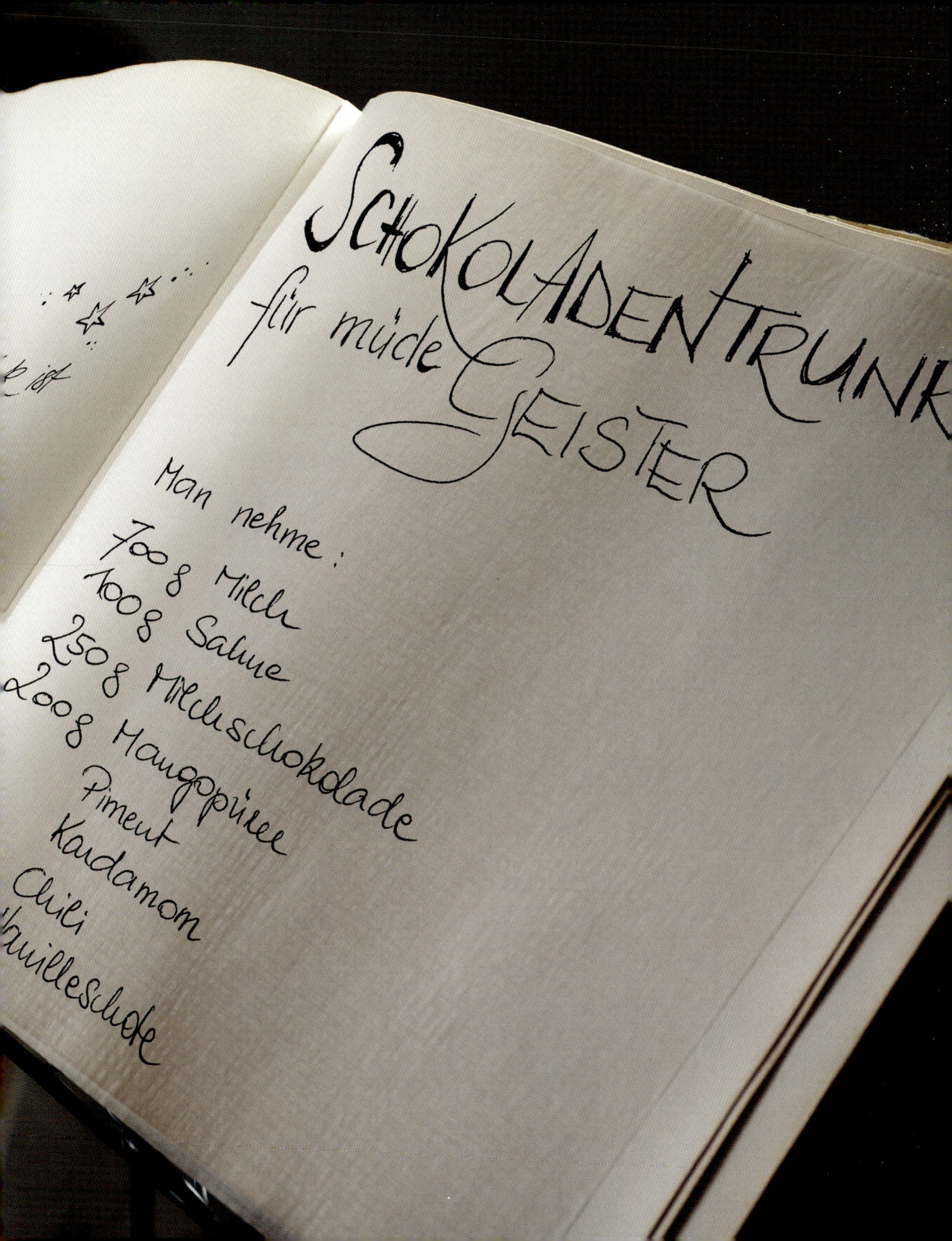
Schokoladentrunk
für müde Geister
Man nehme:
700 g Milch
100 g Sahne
250 g Milchschokolade
200 g Mangopüree
Piment
Kardamom
Chili

GRUNDREZEPTE

BAISER

ZUTATEN

Hier ist einzig das Verhältnis wichtig!

Immer 2 Teile Zucker und 1 Teil Eiklar

DAS HEISST ZUM BEISPIEL:

100 g Eiklar
200 g Zucker

Bei der Zubereitungsvariante des Zuckerkochens außerdem noch ca. 70 g Wasser zum Zucker in einen Kochtopf geben.

ZUBEREITUNG VON WEICHEM BAISER ZUM ABFLÄMMEN

Entweder alle Zutaten zusammen über Wasserdampf auf mindestens 90 °C erhitzen und anschließend kalt schlagen oder den Zucker mit einem Drittel Wasser der Zuckermenge auf 120 °C kochen, dies dann langsam, unter ständigem Rühren der Küchenmaschine bzw. des Mixers in das Eiklar einlaufen lassen und kalt schlagen.

Wenn die Masse schaumig ist, in einen Dressierbeutel füllen und aufspritzen. Mittels eines Bunsenbrenners leicht abflämmen.

ZUBEREITUNG VON BAISER ZUM TROCKNEN IM OFEN

Eiweiß mit einem Teil Kristallzucker aufschlagen und den Restzucker in Form von gesiebtem Puderzucker unterheben.

TIPP: Wenn man die Zuckermenge aus figurbewussten Gründen vermindert, ist das Baiser flockiger und nicht so cremig. Es lässt auch nach ziemlich kurzer Zeit Wasser und weicht daher den Mürbteig auf. Dies sollte folglich eher vermieden werden.

BISKOTTEN

ZUTATEN

5 Dotter
130 g Zucker
5 g Vanillezucker
Zitronenschale
5 Eiklar
Salz
135 g glattes Mehl (Typ 480)

Staubzucker im Sieb zum Anstauben

ZUBEREITUNG

Dotter mit 40 g Zucker und den Gewürzen aufschlagen.

Eiklar mit dem restlichen Zucker und einer Prise Salz zu cremigem Schnee schlagen.

Beide Teile mischen und das Mehl unterheben. Auf ein mit Backpapier ausgelegtes vorbereitetes Backblech zu Biskotten aufdressieren, mit Staubzucker dünn anstauben und bei etwa 185–190 °C ca. 10 Min. goldgelb backen. Auskühlen lassen.

BUTTERSTREUSEL

ZUTATEN

250 g Mehl
1/2 Pkg. Backpulver
125 g Kristallzucker
50 g fein geriebene Mandeln oder Haselnüsse
180 g weiche Butter
10 g echter Vanillezucker
Prise Salz
Abrieb einer halben unbehandelten Zitrone
Prise Zimt

ZUBEREITUNG

Alle Zutaten nur kurz miteinander verkneten und sofort über den Kuchen krümeln. Backen, bis die Streusel goldgelb sind.

TIPP: Diese Butterstreusel können auch problemlos auf Vorrat zubereitet werden. Hierzu den Teig in eine Folie einschlagen und einige Stunden kalt stellen.

Über die grobe Seite einer Gemüsereibe direkt auf den Kuchen reiben. Wenn noch etwas übrig ist, auch gleich runterreiben, eventuell Mehl dazwischenstreuen, um ein Zusammenkleben zu vermeiden, und in einer gut schließenden Dose einfrieren. So hat man immer Streusel griffbereit!

BISKUIT

Für einen schönen Tortenboden (ca. 24–26 cm Ø)
oder eine dickere Roulade auf einem haushaltsüblichen Blech

ZUTATEN FÜR HELLES BISKUIT

- 5 **Eier**
- 150 g **Zucker**
- **Salz**
- **Vanillezucker**
- **Abrieb einer unbehandelten Zitrone**
- 100 g **Mehl**
- 50 g **Stärke**
- 35 g **Öl**

FÜR NUSSBISKUIT

- 5 **Eier**
- 150 g **Zucker**
- **Salz**
- **Vanillezucker**
- **Abrieb einer unbehandelten Zitrone**
- 120 g **Mehl**
- 50 g **Stärke**
- 75 g **Haselnüsse**
- **Zimt**
- 35 g **Öl**

FÜR KAKAOBISKUIT

- 5 **Eier**
- 150 g **Zucker**
- **Salz**
- **Vanillezucker**
- 90 g **Mehl**
- 25 g **Stärke**
- 40 g **Kakao**
- **Zimt**
- 35 g **Öl**
- 35 g **Milch**

DIE ZUBEREITUNG DER VERSCHIEDENEN VARIANTEN IST ÄHNLICH:

Das Mehl jeweils mit Stärke, Nüssen oder Kakao immer gründlich versieben.
Die Eier mit dem Zucker und den Gewürzen aufschlagen und die entsprechenden Mehlmischungen unterheben. Zum Schluss des Mischvorgangs das Öl bzw. die Öl-Milch-Mischung unterheben und in die gewünschte Form gießen.

DIESELBE BISKUITMASSE KANN AUCH FÜR ROULADEN VERWENDET WERDEN.

TIPP: Das Backen entscheidet maßgeblich über das Gelingen des Biskuits.
Als Faustregel für Biskuitteig gilt, flache, kleine Gebäcke „heißer", aber dafür kürzer backen, z. B. Rouladen, Biskotten etc., große, dicke Gebäcke bei etwas niedrigerer Temperatur, aber dafür länger backen, z. B. Tortenböden.

In Zahlen heißt das bei Umluft:
KLEIN: 190–210 °C und nur etwa 15–20 Min.
GROSS: 160–175 °C und etwa 30–60 Min.

BUTTERMÜRBTEIG

ZUTATEN

200 g	**weiche Butter**
85 g	**gesiebter Staubzucker**
10 g	**echter Vanillezucker**
	Prise Salz
	Abrieb einer halben, unbehandelten Zitrone
1	**Ei**
300 g	**Mehl**

ZUBEREITUNG

In die weiche Butter das Ei und die Gewürze einkneten, Staubzucker beigeben und das Mehl kurz unterkneten. Nicht zu lange kneten, da der Teig sonst „brandig" wird, d. h., er verliert die Bindung. In Dehnfolie einschlagen und einige Stunden oder über Nacht kühlen.
Beim Ausrollen kurz ankneten und mit möglichst wenig Staubmehl auf die gewünschte Stärke ausrollen. In die Backform oder auf das Blech legen, große Teile mit einer Gabel stupfen und bei etwa 170 °C goldgelb backen.

TIPP: Der gekühlte Teig kann auch durch eine Reibe zu Streuseln verarbeitet werden!

VERWENDUNGSZWECK

Als Unterlage für Torten
Als Keksteig
Als Grundlage für Tartes

Mürbteig ausrollen

VANILLESOSSE

ZUTATEN

500 g Milch
500 g Sahne
240 g Zucker
12 Dotter
Prise Salz
2 Vanilleschoten (das Mark auskratzen, Mark und Schoten miterhitzen)

ZUBEREITUNG

Dotter mit etwa zwei Dritteln des Zuckers verrühren.

Den Rest des Zuckers mit Sahne, Milch, Salz und Vanilleschoten (oder z. B. den Kräutern) in einem Topf erhitzen. Einen Teil der heißen Milchmischung zu der Dottermasse leeren, gut verrühren und in den Topf zurückgießen. Unter ständigem Rühren auf 85 °C erhitzen. Nicht kochen, da sonst das Eiweiß ausflockt!
Bei 85 °C sofort in ein anderes Gefäß umfüllen und gleich servieren.

Kann auch mehrere Tage lang aufbewahrt und verwendet werden und schmeckt auch kalt sehr gut.

Beim Aufwärmen aber auch wieder ständig rühren, da die Soße sonst auch wieder leicht ausflocken kann!

ABWANDLUNG ZU LAVENDELSOSSE

Statt der Vanilleschoten 15 g Lavendelblüten verwenden, Zubereitung wie oben.

ABWANDLUNG ZU ZITRONENTHYMIANSOSSE

Statt der Vanilleschoten 60 g Zitronenthymian verwenden, Zubereitung wie oben.

ABWANDLUNG ZU WEISSER KAFFEESOSSE

Statt der Vanilleschoten 50 g ganze Kaffeebohnen verwenden, Zubereitung wie oben.

Zubereitung Vanillesoße

VANILLECREME

ZUTATEN

375 g Milch
125 g Sahne
65 g Zucker
120 g Dotter
65 g Zucker
25 g Vanillecremepulver
2 Vanilleschoten

ZUBEREITUNG

Milch, Sahne, Zucker und das Mark von 2 Vanilleschoten erhitzen.

Dotter, Zucker und Vanillecremepulver verrühren.

Einen kleinen Teil der Vanille-Milch-Mischung zu den Dottern geben und gut verrühren. Zurück in den Topf leeren und gut durchkochen lassen. In ein kaltes Gefäß umfüllen, mit Dehnfolie anliegend bedeckt erkalten lassen.

Vor Verwendung glatt rühren oder mixen.

WARME MEHLSPEISEN

KAISERSCHMARREN

MIT ZWETSCHKENRÖSTER ODER VANILLESOSSE

KAISERSCHMARREN MIT ZWETSCHKENRÖSTER

Für 2 kleine oder eine recht große Portion

ZUTATEN FÜR DEN KAISERSCHMARREN

220 g Sauerrahm
110 g Mehl
Echter Vanillezucker oder Mark einer Vanilleschote
Abrieb einer halben unbehandelten Zitrone
1 Ei
2 Dotter
2 Eiklar
60 g Zucker
Salz
In Rum eingeweichte Rosinen nach Belieben

ZUBEREITUNG

Sauerrahm, Mehl, Gewürze, Ei und die Dotter glatt rühren, dann das mit dem Zucker und Salz cremig aufgeschlagene Eiweiß unterheben, in eine gebutterte heiße Pfanne gießen und im Ofen bei ca. 165 °C etwa 20 Min. backen.

TIPP: Wenn man Rosinen mag, diese in der Pfanne auf die Masse streuen und dann in den Ofen geben.

In der Zwischenzeit Karamell und die „Beilagen" vorbereiten, wobei neben dem Zwetschkenröster – der im Idealfall bereits vorab zubereitet wird – auch Apfelmus, Vanillesoße oder andere Fruchtröster wunderbar mit dem Kaiserschmarren harmonieren.

FÜR DAS KARAMELL

Ca. 70 g Zucker
Ca. 30–40 g Butter

Gegen Ende der Backzeit für das KARAMELL den Zucker in einer weiten Pfanne zu hellem Karamell schmelzen und die Butter beigeben. Den Schmarren aus dem Ofen nehmen, zerteilen, im Butterkaramell durchschwenken und servieren.

FÜR DEN ZWETSCHKENRÖSTER

500 g Zwetschken
100 g Zucker
100 g Rotwein oder roter Portwein
1 Zimtstange
Saft einer Zitrone
Abrieb der Schale einer halben unbehandelten Orange

Für den RÖSTER die Zwetschken halbieren und entkernen. Den Zucker karamellisieren und mit Rotwein ablöschen, Zimt beigeben und auf die Hälfte einkochen lassen.

Zwetschken und Orangenschale zugeben und ca. 10–20 Minuten köcheln lassen. Die Kochzeit richtet sich danach, ob man noch ganze Zwetschkenstücke im Röster haben möchte oder nicht. Zum Schluss den Zitronensaft beigeben und servieren.

TIPP: Füllt man den Röster in saubere, dicht schließende Gläser, kann man ihn auch über Wochen lagern.

Zubereitung Vanillesoße

FRUCHTKNÖDEL

IM TOPFENTEIG MIT RÖSTER

FRUCHTKNÖDEL IM TOPFENTEIG

ZUTATEN FÜR DEN TOPFENTEIG

140 g Butter
30 g Zucker
140 g Grieß
140 g Mehl
1 Ei
500 g Topfen 20 % F.i.T.
Salz

15–20 Marillen, Zwetschken, Erdbeeren etc.

FÜR DIE BRÖSEL

Butter
Semmelbrösel
Zimt
Zucker

FÜR DEN FRUCHTRÖSTER

500 g Marillen, Zwetschken, Brombeeren oder Pfirsiche
100 g Zucker
100 g weißer Portwein
1/2 Zimtstange
Saft einer Zitrone
Abgeriebene Schale einer halben unbehandelten Orange
1 Vanilleschote

ZUBEREITUNG

Die weiche Butter glatt kneten, Ei, Zucker, Salz und Grieß dazugeben und zum Schluss das Mehl und den Topfen einarbeiten. Den Teig zugedeckt etwa 2 Stunden rasten lassen. Vom Teig kleine Stücke abnehmen, flach drücken und die Früchte gleichmäßig in den Teig eindrehen. Die Knödel auf ein bemehltes Blech setzen und anschließend in leichtem Salzwasser kochen.

Während die Knödel kochen, die Butterbrösel zubereiten. Hierfür die Butter schmelzen und die Brösel anrösten.
In kurzen Abständen umrühren, da sie sonst leicht anbrennen können. Zum Schluss mit Zucker nach Belieben süßen und evtl. auch Zimt beigeben.

TIPP: Um die Saison zu verlängern, kann man diese Fruchtknödel natürlich ungekocht auch einfrieren.

Für den RÖSTER die Früchte von Steinen oder Kernen befreien. Den Zucker karamellisieren und mit Weißwein ablöschen, die Gewürze beigeben und auf die Hälfte einkochen lassen.

Die Früchte und die Orangenschale zugeben und ca. 10–20 Min. köcheln lassen. Die Dauer richtet sich danach, ob man noch ganze Fruchtstücke im Röster haben möchte oder nicht.
Zum Schluss den Zitronensaft beigeben und servieren.

TIPP: Füllt man den Röster in saubere, dicht schließende Gläser, kann man diesen auch über Wochen lagern.

Zubereitung Vanillesoße

REISAUFLAUF

MIT BAISERHAUBE

REISAUFLAUF MIT BAISERHAUBE

Für ein haushaltsübliches, 5 cm tiefes Backblech

ZUTATEN

1100 g Milch
110 g Butter
10 g echter Vanillezucker
Prise Salz
Abrieb einer halben unbehandelten Zitrone
250 g Rundkornreis

160 g Dotter (ca. 8–9 Stück)
260 g Eiklar (ca. 8–9 Stück)
120 g Zucker

Butter zum Einfetten des Blechs/der Form
Brösel zum Ausstreuen des Blechs/der Form

Baiser (siehe Rezept Seite 14)

ZUBEREITUNG

Milch mit der Butter und den Gewürzen aufkochen. Reis unter ständigem Rühren einrieseln lassen, Hitze reduzieren und immer wieder umrühren. Nach der Kochzeit von ca. 15–20 Min. die eingedickte Masse zudecken und etwa eine Stunde auskühlen lassen.

Dotter schaumig schlagen. Eiweiß und Zucker zu cremigem Schnee schlagen und beide Massen unter den Milchreis heben. In gebutterte, mit Bröseln ausgestreute Backformen füllen und bei etwa 165–170 °C 20–30 Min. backen.

Während der Backzeit das Baiser herstellen. Dies unmittelbar nach dem Backen aufdressieren, nach Wunsch abflämmen und servieren.

Dieser Reisauflauf harmoniert ausgezeichnet mit Vanillesoße (siehe Rezept Seite 18).

Zubereitung Vanillesoße

SCHUPFNUDELN

MIT VANILLEPFIRSICH

SCHUPFNUDELN MIT VANILLEPFIRSICH

ZUTATEN FÜR DEN KARTOFFELTEIG

500 g mehlige Kartoffeln
45 g sehr weiche Butter
170 g griffiges Mehl
50 g Grieß
2 Dotter
Salz
Vanille
Schale einer unbehandelten Zitrone

FÜR DIE EINGELEGTEN VANILLEPFIRSICHE

250 g Wasser
150 g Zucker
1 Vanilleschote
4–6 Pfirsiche

Einmachglas in entsprechender Größe (die Pfirsiche müssen hineinpassen)

Zucker, Mohn oder Nüsse zum Bestreuen nach Geschmack

ZUBEREITUNG

Kartoffeln in der Schale weich kochen, Wasser abgießen und die Kartoffeln im Rohr bei geringer Hitze (ca. 60 °C) etwa 30 Min. ausdampfen lassen. Schälen und durch die Kartoffelpresse drücken. Mit den restlichen Zutaten zu einem Teig verkneten und etwa 1 Stunde im Kühlschrank rasten lassen.
Schupfnudeln formen und auf einem bemehlten Geschirrtuch ablegen. Entweder einfrieren oder gleich in leichtem Salzwasser kochen. Während der Kochzeit in einer Pfanne etwas Butter zerlassen. Die Nudeln abgießen und in der Butter durchschwenken.

TIPP: Den Teig nicht zu lange kneten, sonst wird er zäh, und nicht zu spitz formen, denn die Spitzen brechen beim Kochen oder Durchschwenken leicht ab.
Außerdem kann ruhig eine größere Menge Teig zubereitet werden, da sich die geformten Nudeln gut einfrieren lassen. Dann einfach in gefrorenem Zustand ins kochende Salzwasser geben und wie oben angeführt weiterverarbeiten.

Die PFIRSICHE so weit wie möglich schälen. Dies funktioniert meist mit kochendem Wasser am besten – einfach die Schale leicht einschneiden und die Pfirsiche so lange in kochendem Wasser lassen, bis sich die Schale abziehen lässt. Gelingt leider nicht bei allen Sorten, besonders unreife Früchte lassen sich kaum schälen.

Die geschälten Pfirsiche halbieren und den Kern herausnehmen. Die Hälften in das Glas legen, die Vanilleschote beigeben, das Wasser mit dem Zucker aufkochen und die Pfirsiche mit dieser Mischung übergießen. Die Flüssigkeit soll bis knapp unter den Rand reichen. Eventuell also noch Pfirsichhälften dazugeben, falls das Glas recht groß ist.

Im Dampfgarer bei 85 °C etwa 25 Min. garen. Im verschlossenen Glas sind die Pfirsichhälften so über Monate hinweg haltbar! Alternativ kann man die Pfirsiche einfach im Vanillesud dahinköcheln lassen, bis sie weich sind und genügend Aroma entwickelt haben. Dann sind sie allerdings nicht haltbar und müssen rasch verzehrt werden.

TIPP: Ein besonderes Geschmackserlebnis erhält man, wenn man die Vanille durch Rosmarinzweige oder Zitronenthymian ersetzt.

ANRICHTEN

Die Nudeln auf einen großen, flachen Anrichteteller geben, nach Wunsch mit Nüssen oder einer Mohn-Zucker-Mischung bestreuen und die Pfirsiche geschmackvoll arrangieren.

SCHNEEBALLEN

MIT NOUGATESPUMA

SCHNEEBALLEN MIT NOUGATESPUMA

ZUTATEN FÜR DEN TEIG

200 g	Mehl
2	Dotter
3 EL	Sauerrahm
1 EL	Zitronensaft
1 EL	Branntwein
	Prise Salz
Ca. 3–4 l	Fett (Sonnenblumenöl oder Butterschmalz)
	Teigschneideroller
	Formen zum Ausbacken (optional)
	Topf mit Durchmesser von ca. 25 cm für das Fett. Dieser sollte mindestens 15–20 cm tief sein!

FÜR DIE NOUGATESPUMA

160 g	Nougat
280 g	flüssige Sahne
2	sehr frische Eiweiße oder nach Wunsch pasteurisiertes Eiweiß verwenden, etwa 50–60 g
	Frische Himbeeren, Ribisel (Johannisbeeren) oder Walderdbeeren zum Anrichten
	Staubzucker
	Minze, Melisse

ZUBEREITUNG

Alle Zutaten zu einem glatten Teig verkneten, in Folie einschlagen und 2 Stunden kalt stellen.

Relativ dünn (1–2 mm) ausrollen und in recht große Quadrate schneiden. Diese Quadrate einschneiden, verdrehen und in die Form oder direkt ins 160 °C heiße Fett geben. Durch das Einschneiden formen sich die Teile zu kugelartigen Gebäcken – mit der Metallform wird dieser Effekt noch verstärkt. Backen, bis sie goldgelb bis hellbraun sind. Rausnehmen, abtropfen und leicht auskühlen lassen.

TIPP: Wer Zimt liebt, kann die Schneeballen in noch warmem Zustand mit einer Zimt-Zucker-Mischung satt bestreuen und ohne weitere Zugaben genießen.

Für die ESPUMA die Sahne erwärmen (60 °C), das Nougat in der Sahne auflösen und das Eiweiß beigeben. Mit Stabmixer o. Ä. mixen, sicherheitshalber abseihen und in einen iSi-Siphon füllen. Verschließen, zwei Lachgaskartuschen einfüllen, gut schütteln und die Flasche liegend für ca. 5 Stunden kalt stellen.

ANRICHTEN

In einem tieferen Teller die Beeren mittig anrichten. Espuma darübergeben und den Schneeballen eventuell auch damit füllen. Schneeballen auf die Beeren setzen, nach Wunsch anzuckern und mit Kräutern ausgarnieren.

KUCHEN UND TARTES

APFEL-STREUSEL-KUCHEN

APFELSTREUSELKUCHEN

ZUTATEN

Mürbteig (siehe Rezept Seite 17)
Biskuitboden (siehe Rezept Seite 16)

ZUBEREITUNG

Den Mürbteig ausrollen und hell anbacken. Die Biskuitroulade mittels Marillenmarmelade auf den Mürbteigboden aufkleben.

FÜR DIE APFELFÜLLE

270 g Apfelsaft
100 g Zucker
Zimt
10 g Zitronensaft
45 g Vanillepuddingpulver

900 g Äpfel, geschält und in Stücke geschnitten
Rumrosinen nach Belieben
Marillenmarmelade

Für die APFELFÜLLE das Puddingpulver mit etwa einem Viertel des Apfelsaftes verrühren, Zucker, Zimt und Zitronensaft mit dem restlichen Apfelsaft erhitzen, die Puddingpulver-Apfelsaft-Mischung dazugeben und gut auskochen. Apfelspalten und Rosinen daruntermischen und auf den vorbereiteten Boden verteilen.

Mürbteigstreusel gesondert zubereiten (siehe Rezept Seite 15) oder von den Mürbteigresten Streusel reiben.

Die Streusel über der Apfelfülle verteilen und den Kuchen ca. 30–45 Min. bei 160–170 °C backen.

Auskühlen lassen, leicht anzuckern und servieren.

Mürbteig ausrollen

KOKOS~ANANAS~KUCHEN

KOKOS-ANANAS-KUCHEN

Für 2 kleine (18 cm ø) oder eine große Tortenform (26 cm ø)

ZUTATEN FÜR DEN KOKOSBODEN

190 g	**weiche Butter**
180 g	**Backzucker**
	Salz
	Zitronenschale
180 g	**Ei (ca. 3–4 St.)**
30 g	**frisch geriebener Ingwer**
150 g	**Mehl**
30 g	**Stärke**
2 g	**Backpulver**
110 g	**feines Kokosette**
50 g	**Kokosmilch**
1	**Dose Ananasringe**
1	**frische Ananas**
	Evtl. Inländerrum
1 Dose	**Cocktailkirschen**
	Melissenblätter zum Garnieren
1 Pkg.	**Tortengelee klar nach Wunsch (Zucker und Wasser nach Angabe des Herstellers)**

ZUBEREITUNG

Eine buttergerührte Masse herstellen: Butter schaumig schlagen, Zucker, Salz, Zitrone, Ingwer und die Eier langsam dazugeben. Anschließend Mehl, Stärke, Backpulver und Kokosette vermischen und unterheben und zum Schluss die Kokosmilch einrühren. Ananasringe in grobe Stücke schneiden und noch unter die Masse heben. In die gebutterte, bemehlte Backform füllen und bei ca. 165–170 °C backen.
Stürzen und auskühlen lassen.

AUSFERTIGEN DES KUCHENS

Die Ananas von Schale und Strunk befreien und möglichst dünn (am besten auf der Aufschnittmaschine) aufschneiden.

Lockere Fächer der Ananas auf den durchgekühlten Kuchen geben, die Kirschen auch darauf verteilen und mit kleinen Melissenblättern ausgarnieren.

TIPP: Der besondere Glanzeffekt entsteht, wenn man die Ananas mit Tortengelee bepinselt.

Wer es sehr saftig mag, kann den Saft der Dosenananas, eventuell mit Rum vermischt, zum Tränken der Torte verwenden.

VARIATION MIT KOKOS-STRACCIATELLA-CREME

FÜR DIE QIMIQ-KOKOS-STRACCIATELLA-CREME

250 g Qimiq Vanille
50 g Kokossirup (z. B. Monin)
200 g geschlagene Sahne
50 g Schokoladenspäne

Rote Ribiseln und Melissenblätter zum Garnieren

ZUBEREITUNG

Das Qimiq mit dem Kokossirup glatt rühren, die Schlagsahne unterheben und die Späne zum Schluss kurz einrühren. In einen Dressiersack mit großer Lochtülle füllen und auf die kalte Tarte Tupfen dressieren.

Große Schokoladenspäne schaben und auf der Tarte verteilen. Mit roten Ribiseln und kleinen Melissenblättern ausgarnieren.

ZWETSCHKENFLECK

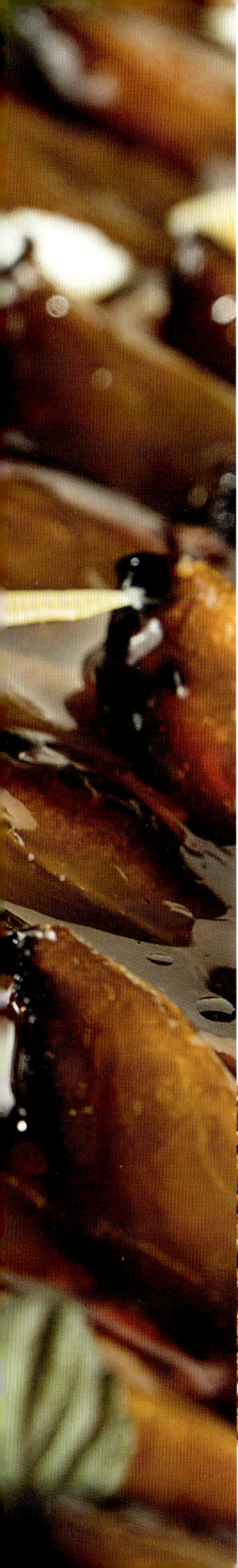

ZWETSCHKENFLECK

Für ein Haushaltsblech

ZUTATEN FÜR DEN HEFETEIG

265 g **Mehl (Typ 480)**
35 g **Zucker**
2 g **Salz**
18 g **Hefe**
130 g **Milch**
55 g **weiche Butter**

FÜR DIE MARZIPANMASSE

100 g **Marzipanrohmasse**
100 g **weiche Butter**
60 g **Staubzucker**
1 **Dotter**
1 **Ei**
Vanille
Zitronenschale
Salz
50 g **Mehl (Typ 480)**

Ca. 2 kg **Zwetschken**
Evtl. klares Tortengelee (nach Angabe des Herstellers zubereitet)

ZUBEREITUNG

Für den HEFETEIG die Milch auf ca. 20 °C anwärmen und darin die Hefe auflösen. Dann alle Zutaten zu einem glatten Teig verarbeiten, etwa 30 Min. rasten lassen, auf Blechgröße ausrollen und anschließend kühlen.

Für die MARZIPANMASSE den Marzipan mit Ei und Dotter mittels Stabmixer möglichst klumpenfrei mixen.

Die weiche Butter aufschlagen, dann die Gewürze, den Staubzucker und die Marzipan-Eier-Masse beigeben. Zum Schluss das Mehl unterrühren und auf den gekühlten Hefeteig streichen.

Die Zwetschken einschneiden, entkernen und leicht einritzen, sodass sie sich flach auffächern lassen. Ganz dicht auf den vorbereiteten Boden legen und bei ca. 170 °C backen. So lange backen, bis die Kuchenunterseite leicht braun ist (ca. 25–35 Min.).

Auskühlen lassen und nach Belieben gleich verspeisen oder noch mit Tortenguss gelieren und geröstete gehobelte Mandeln aufstreuen.

„SCHOKO-SCHOCK“
MIT HIMBEEREN

„SCHOKO-SCHOCK" MIT HIMBEEREN

Für 2 kleine oder eine recht große Portion

ZUTATEN FÜR DIE SCHOKOLADENMASSE

5 **Dotter**
30 g **Honig**
5 **Eiklar**
100 g **Kristallzucker**
Salz
50 g **Mehl**
40 g **Stärke**
40 g **Kakao**

FÜR DIE SCHOKOLADENCREME

190 g **Milch**
70 g **Sahne**
35 g **Zucker**
60 g **Dotter (3 Stück)**
35 g **Zucker**
12 g **Schokoladenpuddingpulver**
Mark einer Vanilleschote
100 g **dunkle, 60%ige Kuvertüre**
1 Bl. **Gelatine, eingeweicht, ausgedrückt**

5–6 Tassen **Himbeeren**
1 Tasse **Erdbeeren**
Melissenblätter, Zitronenthymian oder andere Kräuter

ZUBEREITUNG

Dotter und Honig einfach nur leicht verrühren, Mehl, Stärke und Kakao vermischen. Eiklar mit Zucker und Salz aufschlagen, die Dotter-Honig-Mischung und die versiebte Mehl-Stärke-Kakao-Mischung unterheben. In eine gebutterte, bemehlte Backform füllen und bei etwa 170 °C 15–20 Min. backen. Stürzen und auskühlen lassen.

Für die SCHOKOLADENCREME Milch, Sahne, Zucker und das Mark von einer Vanilleschote erhitzen. Dotter, Zucker und Puddingpulver verrühren.

Einen kleinen Teil der Vanille-Milch-Mischung zu den Dottern geben und gut verrühren. Zurück in den Topf leeren und gut durchkochen lassen. In ein kaltes Gefäß umfüllen, grob gehackte Schokolade und ausgedrückte Gelatine beigeben und gut durchrühren.

Im Idealfall ist der Tortenboden schon fertig und man kann die noch warme Schokoladencreme gleich darauf verteilen. Andernfalls die Creme mit Dehnfolie anliegend bedeckt erkalten lassen. Vor Verwendung glatt rühren oder mixen.

Im Anschluss mit Beeren aller Art dicht belegen und wenn gewünscht dünn abgelieren. Mit Minze oder ähnlichen Kräutern ausgarnieren, schneiden und servieren.

TIPP: Wer sich Zeit ersparen will, kann auch einen einfachen Schokoladenpudding zubereiten und etwas Schokolade zum Verfeinern beimengen. Auch hier macht es Sinn, eventuell 1 Blatt eingeweichte, ausgedrückte Gelatine beizugeben, um den Pudding besser schneiden zu können.

FRANKFURTER KRANZ

AUF STEIRISCH

FRANKFURTER KRANZ AUF STEIRISCH

Für eine Kranzkuchenform

ZUTATEN

- **120 g weiche Butter**
- **120 g flüssige dunkle Schokolade (ca. 45 °C)**
- **60 g Staubzucker**
- **6 Dotter**
- **6 Eiweiß**
- **140 g Kristallzucker**
- **Prise Salz**
- **120 g Mehl**

FÜR DIE KÜRBISKERN-BUTTERCREME

- **300 g Apfelsaft**
- **200 g Milch**
- **130 g Zucker**
- **40 g Stärke**
- **3 Dotter**
- **Prise Salz**
- **320 g weiche Butter**
- **45 g Kürbiskernöl**
- **Kürbiskerne**

ZUBEREITUNG

Eiweiße mit Zucker und Salz zu cremigem Schnee schlagen. Butter, flüssige Schokolade, Staubzucker und Dotter schaumig schlagen. Mit der Eiweißmasse vermischen und zum Schluss das Mehl unterheben.
In eine gebutterte, bemehlte Kranzkuchenform füllen und bei ca. 165 °C etwa 50 Minuten backen. Vollständig auskühlen lassen.

Für die KÜRBISKERNBUTTERCREME den Apfelsaft, 150 g Milch, Prise Salz und Zucker in einem Topf erhitzen. Die restliche Milch mit Stärke und Dottern verrühren. Aus diesen Zutaten einen Pudding kochen. In einer Rührschüssel (eventuell im Wasserbad) auskühlen lassen, dabei immer wieder umrühren, damit der Pudding geschmeidig bleibt und sich keine Haut bildet.
Die Butter aufschlagen, Kürbiskernöl langsam einfließen lassen und nach und nach den kalten Pudding einarbeiten.

ZUSAMMENBAUEN DES KRANZKUCHENS

Den Kuchen zweimal durchschneiden. Wer seine Torte besonders saftig haben möchte, kann eine Tränkflüssigkeit aus gleichen Teilen Läuterzucker und Inländerrum, Orangenlikör oder Ähnlichem zubereiten und die Biskuitscheiben leicht damit beträufeln.
Auf die unterste Schicht Biskuit die Buttercreme aufbringen, die nächste Bodenschicht darauflegen und nochmals Creme auftragen. Deckel andrücken und mit der restlichen Creme einstreichen. Mit gerösteten, eventuell sogar karamellisierten Kürbiskernen panieren. Mit der Creme Rosetten aufdressieren und mit Kürbiskernen ausgarnieren.
Damit alles anziehen kann und fest wird, für einige Stunden in den Kühlschrank stellen.

TIPP: Eine Buttercremetorte schmeckt nur bei Zimmertemperatur wirklich gut! Deshalb mindestens 1–2 Stunden vor Verzehr aus dem Kühlschrank nehmen.

SCHOKOLADEKUCHEN

MIT KOKOSEISBALL

SCHOKOLADEKUCHEN MIT KOKOSEISBALL

ZUTATEN FÜR DIE TÖRTCHENMASSE

150 g	**Bitterschokolade**
100 g	**Butter**
4	**Dotter**
1 Pkg.	**echter Vanillezucker**
100 g	**brauner Zucker**
2	**Eiweiß**
1 TL	**Mehl**

Butter und Mehl für die Form

FÜR DAS KOKOSEIS

250 g	**Kokosmilch**
250 g	**Sahne**
120 g	**Zucker**
6	**Dotter**
Prise	**Salz**
100 g	**feine Kokosflocken**
	Kokosflocken zum Panieren der Eiskugeln

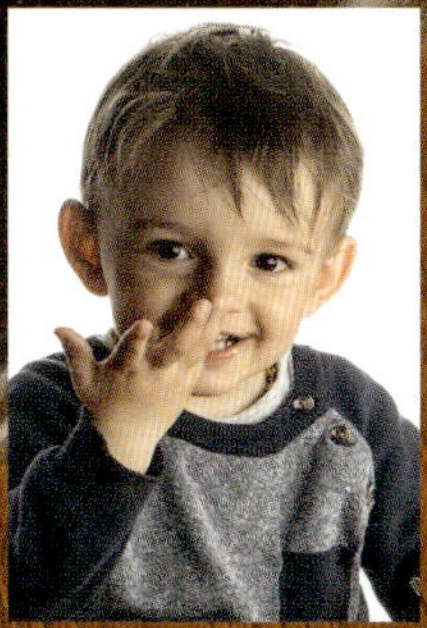

ZUBEREITUNG

Etwa 6–8 Formen buttern und mit Mehl stauben. Schokolade mit Butter auflösen (auf etwa 40–45 °C).

Die Dotter nur kurz mit dem Vanillezucker und dem Mehl verrühren und in das Schokoladen-Butter-Gemisch einrühren. Eiklar mit braunem Zucker zu Schnee schlagen und die Schokoladenmasse untermischen. Sofort in die Formen füllen und bei etwa 175–180 °C Heißluft 20–30 Minuten backen.

Für das KOKOSEIS die Dotter mit etwa einem Drittel des Zuckers verrühren. Den Rest des Zuckers mit Sahne, Kokosmilch und Salz in einem Topf erhitzen. Einen Teil der heißen Sahnemischung zu der Dottermasse leeren, gut verrühren und in den Topf zurückgießen. Unter ständigem Rühren auf 85 °C erhitzen. Nicht kochen, da sonst das Eiweiß ausflockt! Bei 85 °C sofort in ein anderes Gefäß umfüllen und die Kokosflocken beigeben. Auskühlen lassen und am besten über Nacht im Kühlschrank reifen lassen.

Am nächsten Tag in der Eismaschine zu cremigem Eis gefrieren, in vorher eingefrorene, verschließbare Gefäße füllen und bis zum Gebrauch lagern.

TIPPS: Besonders gut harmoniert dieser Kuchen mit frischen Ananas. Dazu eine halbe Ananas in kleine Stücke schneiden, die Abschnitte pürieren und mit rosa Pfeffer zu einer Sauce abschmecken. Die Törtchen mit dem Eis, den Ananasstückchen und der Sauce geschmackvoll anrichten und servieren.

Am besten die Törtchen nur so lange auskühlen lassen, bis die größte Hitze abgeklungen ist, die Törtchen aber trotzdem noch warm sind. Idealerweise schon beim Einkauf darauf achten, dass die Blätter der Ananas noch schön grün sind, wenn man diese zur Dekoration verwenden möchte.

Natürlich kann man, wenn man keine Eismaschine hat oder wenn man sich die Eisherstellung ersparen möchte, auch auf gekauftes Kokosnusseis zurückgreifen. Die meisten Eisdielen verfügen außerdem über Transportgefäße und so kommt man zum schnellen und hochwertigen Eisgenuss.

BIRNEN-
SCHOKOLADE-TARTE

BIRNEN-SCHOKOLADE-TARTE

Für eine haushaltsübliche Springform

ZUTATEN FÜR DEN TARTEBODEN

125 g zimmerwarme Butter
1 Ei
35 g gesiebter Staubzucker
Salz
30 g fein geriebene Mandeln ohne Schale
160 g Mehl
40 g kaltes Wasser

FÜR DIE FÜLLUNG

4–5 vollreife Williamsbirnen oder Kompottbirnen aus Dose oder Glas
100 g flüssige Butter
50 g gesiebtes Kakaopulver
2 Eier
1 Dotter
180 g Zucker
50 g Mehl
1 Pkg. echter Vanillezucker

ZUBEREITUNG

Für den TARTEBODEN alle Zutaten rasch zu einem glatten Teig kneten und ca. 1 Stunde rasten lassen. Ausrollen, mittels Tortenhelfern in eine Tarteform legen und andrücken.
Die Tarteform mit einer aus Alufolie gebastelten Backschale bedecken, diese mit Linsen oder Reis auffüllen und bei 170 °C etwa 10–15 Minuten blindbacken.

Die Alutasse entfernen und abkühlen lassen. Die gut abgetropften Birnen bzw. die geschälten, geputzten frischen Birnen in der Form verteilen.

Während des Abkühlens die FÜLLUNG zubereiten. Dafür die flüssige Butter mit dem Kakaopulver verrühren. Eier, Dotter, Vanillezucker und Zucker aufschlagen. In die schaumige Eiermasse die Buttermischung und das Mehl einarbeiten. Die Masse über die Birnen leeren und bei 180 °C 15–20 Minuten backen.

Auskühlen lassen, stürzen und leicht anzuckern.

TIPP: Lauwarm mit einem Klacks Schlagobers servieren.

KLETZENTARTE

MIT RAHMGUSS

Kletzentarte mit Rahmguss

Für 2 kleine (ca. 18 cm ø) oder eine große Tarte oder ein Blech

Zutaten für den Teig

200 g Mehl
100 g Butter
4 g Salz
20 g Zucker
80 g Wasser

Für die Birnenfüllung

170 g Dörrbirnen (170 g ist das Ausgangsgewicht), alternativ Dörrzwetschken, in Wasser mit Zimtstangen über einige Stunden weich gekocht
20 g Zucker
1/2 TL Lebkuchengewürz
40 g Sultaninen
40 g Walnüsse
30 g Williamsbirnenbrand
40 g Birnennektar oder Apfelsaft
10 g echter Vanillezucker

Für den Rahmguss

25 g Zucker
1 g Salz
1 EL Vanillepuddingpulver
10 g Vanillezucker
3 Dotter
2 Eier
320 g Milch (40 °C)
135 g Sahne (40 °C)

Zubereitung

Mehl und Butter zusammen verreiben, Wasser, Zucker und Salz beigeben und nur recht kurz verkneten. Kurz rasten lassen, 3 mm dick ausrollen und in die Form legen.

Sobald die Birnen weich sind, diese faschieren oder ganz fein mixen und die restlichen Zutaten unterrühren. Die Masse sollte eine geschmeidige Konsistenz aufweisen; falls sie zu fest ist, noch mit dem restlichen Kochwasser weicher machen, falls zu weich, mit geriebenen Nüssen oder Bröseln eindicken. In einen Dressierbeutel füllen und auf den Teig dressieren.

Alle Zutaten für den RAHMGUSS miteinander verrühren, ohne sie dabei zu sehr schaumig zu schlagen. Auf die Birnenfüllung leeren und bei etwa 175 °C backen, bis der Teig hellbraun wird und der Guss stockt.

RHABARBER~BAISER~TARTE

RHABARBER-BAISER-TARTE

ZUTATEN FÜR DEN MÜRBTEIG (PÂTE SUCRÉE)

125 g	weiche Butter
65 g	Kristallzucker
	Vanillezucker
	Prise Salz
	Abrieb einer halben unbehandelten Zitrone
1	Ei
215 g	Mehl

FÜR DIE BACKROYAL

40 g	Zucker
15 g	Vanillepuddingpulver
1	Ei
1	Dotter
120 g	flüssige Sahne
10 g	Inländerrum
	Vanille
	Zitronenschale
	Salz
1000–1200 g	Rhabarber
	Baiser (siehe Rezept Seite 14)

ZUBEREITUNG

Butter mit Zucker, Vanillezucker, Salz und Zitrone verkneten und das Ei einarbeiten. Zum Schluss kurz das Mehl einkneten und den Teig kalt stellen.

Anschließend ca. 3–4 mm dünn ausrollen und in die Tarteform legen. Mit einer aus Alufolie gebastelten Backschale bedecken. Diese dann mit Linsen oder Reis auffüllen und bei 175 °C blind backen.

Für die ROYAL alle Zutaten klumpenfrei, aber nicht zu schaumig zusammenrühren.

Den Rhabarber in ca. 3 cm lange Stücke schneiden, Schälen ist nicht unbedingt nötig. Eventuell mit etwas Zimtzucker bestreuen.

TARTE FERTIGSTELLEN: Auf den blind gebackenen Mürbteig so viel Rhabarber geben, dass ein kleiner Gupf entsteht. Die Form in den Ofen auf ein flaches, möglichst ebenes Gitter stellen, Royal darübergießen, bis sie fast den Rand erreicht.

Bei ca. 165–170 °C backen, bis die Royal nicht mehr „schwabbelt".

Auskühlen lassen, mittels zweier Tortenscheiben stürzen und mit dem Baiser ausfertigen. Abflämmen und schneiden.

Mürbteigtarte ausrollen

ZITRONENTARTE

ZITRONENTARTE

ZUTATEN FÜR DEN MÜRBTEIG (PÂTE SUCRÉE)

125 g weiche Butter
65 g Kristallzucker
Vanillezucker
Prise Salz
Abrieb einer halben Zitrone
1 Ei
215 g Mehl

FÜR DEN BISKUITTEIG

3 Eier
90 g Zucker
Vanillezucker
Zitronenschale
Salz
80 g Mehl
10 g Stärke

FÜR DIE ZITRONENCREME

2 große Zitronen
150 g Butter
120 g Zucker
2 Eier

Baiser nach Wunsch (siehe Rezept Seite 14, halbe Menge der Zutaten reicht)

Mürbteigtarte ausrollen

ZUBEREITUNG

Butter mit Zucker, Vanillezucker, Salz und Zitrone verkneten und das Ei einarbeiten. Zum Schluss kurz das Mehl einkneten und den Teig kalt stellen.

Anschließend ca. 3–4 mm dünn ausrollen und in die Tarteform legen. Mit einer aus Alufolie gebastelten Backschale bedecken. Diese dann mit Linsen oder Reis auffüllen und bei 175 °C blind backen. Diese Form nach etwa 10 Min. entfernen und die Tarte fertigbacken. Auskühlen lassen.

TIPP: Diese Köstlichkeit lässt sich auch in Tarteletteform zubereiten. In diesem Fall die Förmchen verkehrt (!) auf das Backblech legen. Den ausgerollten, ausgestochenen Teig über die Förmchen legen und so fertig backen. Auskühlen lassen.

Für das BISKUIT die Eier mit dem Zucker, dem Vanillezucker, dem Salz und der Zitrone luftig aufschlagen. Dann die versiebte Mehl-Stärke-Mischung unterheben, in eine gebutterte, bemehlte Backform füllen und bei ca. 175 °C ca. 15 Min. ausbacken. Auskühlen lassen.

Für die ZITRONENCREME die Zitronen schälen, die Schalen abblanchieren und ganz klein schneiden.

Die Zitronen auspressen und nun den Saft, die Schalen, den Zucker, die Eier und die sehr weiche Butter in einen recht großen Topf geben. Diese Masse unter ständigem Rühren auf mittlerer Flamme bis auf 85 °C erhitzen. Durch ein Sieb gießen und zugedeckt am besten über Nacht auskühlen lassen.

FERTIGSTELLEN DER TARTE: In die fertig gebackene ausgekühlte Tarteform das Biskuit geben und mit der Creme auffüllen und kalt stellen.

TIPP: Ein besonderes Geschmackserlebnis erzielt man durch das Aufdressieren von Baisertupfen kurz vor dem Servieren.

FEINER HEFETEIG

FÜR STRUDEL UND ZÖPFE

ZUTATEN FÜR DEN HEFETEIG

500 g glattes Mehl (Typ W 700)
90 g Zucker
90 g sehr weiche Butter
30 g Hefe
6 g Salz
1 Dotter
1 Ei
200 g Milch (ca. 5 °C)
15 g Rum
Vanille
Abrieb einer halben unbehandelten Zitrone

ZUBEREITUNG

Für den HEFETEIG alle Zutaten ca. 5–10 Minuten zu einem Teig verkneten, zu einer Kugel aufschleifen und zugedeckt bei Raumtemperatur rasten lassen (die Zimmertemperatur sollte 25 °C nicht überschreiten!).

Um eine besonders feine Krume zu bekommen, den Teig mindestens einmal zusammenschlagen, das heißt, wenn er schon schön aufgegangen ist, das ganze Volumen rauskneten und abermals kurz rasten lassen.

Anschließend ausrollen, die gewünschte Fülle aufbringen und in die endgültige Form bringen. Es folgt nun die Endgare, hierbei sollte sich das Gebäck größenmäßig ungefähr verdoppeln, also nicht zu eng nebeneinander auf das Blech bzw. in die Form geben.

FEINER HEFETEIG FÜR STRUDEL UND ZÖPFE

FÜR FRANCHIPAN

- 100 g **Marzipanrohmasse oder Persipan**
- 100 g **Butter**
- 65 g **Staubzucker**
- 1 **Dotter**
- 1 **Ei**
- **Vanille**
- **Abrieb einer halben unbehandelten Zitrone**
- 50 g **Mehl**

Für FRANCHIPAN die Butter mit dem Marzipan glatt mixen, anschließend Staubzucker, Dotter, Ei, Gewürze beigeben und schaumig schlagen. Zum Schluss das Mehl unterrühren und auf dem Teig aufbringen. Kann auch auf Vorrat hergestellt und portionsweise eingefroren werden. Vor Gebrauch dann einfach mehrere Stunden bei Raumtemperatur auftauen lassen.

FÜR DIE MOHNFÜLLE

- 160 g **Milch**
- 55 g **Kristallzucker**
- 60 g **Marzipanrohmasse**
- **Vanillezucker**
- **Zitronenschale**
- **Zimt**
- 120 g **gemahlener Mohn**
- 25 g **süße Brösel, wenn vorhanden (ansonsten normale Semmelbrösel)**
- 1 **Eiklar**

Für die MOHNFÜLLE die Milch aufkochen, Zucker, Marzipan, Gewürze und Mohn beigeben und kurz abrösten. Anschließend Brösel und Eiklar dazugeben und auf den Teig aufbringen.

FÜR DIE NUSSFÜLLE

- 70 g **Milch**
- 60 g **Zucker**
- **Vanillezucker**
- **Zitronenschale**
- **Zimt**
- 185 g **Walnüsse oder Haselnüsse**
- 80 g **Marzipanrohmasse**
- 1 **Eiklar**
- 20 g **Rum**

Für die NUSSFÜLLE die Milch aufkochen, Zucker, Marzipan, Gewürze und Nüsse beigeben und kurz abrösten. Anschließend Rum und Eiklar dazugeben und auf den Teig aufbringen.

FÜR DIE TOPFENFÜLLE

- 300 g **Topfen mit 20 % F.i.T.**
- 70 g **Zucker**
- 10 g **Stärke**
- 1 **Ei**
- **Vanillezucker**
- **Zitronenschale**
- **Salz**
- 40 g **flüssige Butter**

Für die TOPFENFÜLLE alle Zutaten miteinander zu einer glatten Masse verarbeiten. Nach Belieben mit eingelegten Rumrosinen verfeinern und auf dem Teig verteilen.

BACKEN

Für Hefeteige gilt die Faustregel, kleine Gebäcke heißer und kürzer, große Gebäcke kühler und länger backen.

In Zahlen heißt das bei Umluft:
KLEIN: 170–180 °C und nur etwa 15–20 Min.
GROSS: 150–160 °C und etwa

TORTEN

MARILLE-VANILLE-WOLKE

MARILLE-VANILLE-WOLKE

ZUTATEN

Biskuitboden (siehe Rezept Seite 16, halbe Menge der Zutaten)

FÜR DIE BRANDTEIGKRAPFERL

250 g **Wasser**
80 g **Butter**
Salz
10 g **Zucker**
170 g **Mehl**
5 **Eier**

FÜR DIE SCHNELLE VANILLECREME

250 g **Vanille-Qimiq**
90 g **Zucker**
250 g **geschlagene Sahne**
Mark einer Vanilleschote

FÜR DIE MARILLENCREME

250 g **Marillenmark**
110 g **Zucker**
6 Bl. **Gelatine**
Saft von einer Limette
500 g **geschlagene Sahne**

ZUBEREITUNG

Für die BRANDTEIGKRAPFERL Wasser, Butter, Salz und Zucker aufkochen, das Mehl auf einmal beigeben und abbrennen, bis sich der Teig zu einem Klumpen zusammenbindet und sich vom Kesselrand löst. Den abgerösteten Teig in eine Rührschüssel umfüllen und nach und nach unter ständigem Rühren die Eier einarbeiten. Tupfen in der Größe einer 1-Euro-Münze auf Backpapier dressieren und bei etwa 185 °C hellbraun und knusprig backen. Auskühlen lassen.

Für die VANILLECREME die Sahne cremig aufschlagen. Das Qimiq mit dem Zucker und dem Mark einer Vanilleschote glatt rühren und die Schlagsahne unterziehen.
In einen Dressierbeutel mit feiner Tülle geben und in die ausgekühlten Windbeutel füllen, dann einfrieren.

Für die MARILLENCREME die Gelatine in kaltem Wasser einweichen und die Sahne cremig aufschlagen. Das Marillenmark mit dem Zucker verrühren, die Gelatine ausdrücken und mit dem Limettensaft auf ca. 50 °C erhitzen. Einen kleinen Teil des Marillenmarks zur aufgelösten Gelatine geben und gut verrühren. Anschließend zum restlichen Marillenmark geben und nochmals gut verrühren.

Nun die geschlagene Sahne unterheben und die halbe Masse in die vorbereitete Springform, die mit dem ausgekühlten Biskuit ausgelegt ist, füllen. Die Windbeutel in die Creme drücken, mit der restlichen Creme auffüllen und glatt streichen. Einkühlen.

TIPPS: Wer schnell zu seiner Torte kommen möchte, kann – statt die Vanillewindbeutel selbst zuzubereiten – gerne auf ein TK-Fertigprodukt zurückgreifen.
Diese Torte kann das ganze Jahr über zubereitet werden, die Varianten mit Erdbeeren oder Himbeeren schmecken ebenfalls ausgezeichnet.

Torte zusammensetzen

KÄSESAHNETORTE

KÄSESAHNETORTE

ZUTATEN

Biskuit-Tortenboden (ca. 26 cm Ø) zubereiten, auskühlen lassen und halbieren (siehe Rezept Seite 16)

FÜR DIE CREME

300 g Topfen
200 g Joghurt
100 g Zucker
Abrieb einer halben unbehandelten Zitrone
Abrieb einer halben unbehandelten Orange
Saft der beiden Zitrusfrüchte
8 Bl. Gelatine
500 g Schlagsahne

ZUBEREITUNG

Gelatine in kaltem Wasser einweichen und die Sahne cremig aufschlagen. Topfen, Joghurt, Zucker und die Zitrusschalen verrühren. Gelatine im Zitrussaft auflösen, einen kleinen Teil der Topfenmischung in den Gelatinetopf geben, gut durchrühren und alles zurück zur großen Masse leeren. Diese ebenfalls gut durchrühren und die geschlagene Sahne unterheben.
Den Tortenboden wieder in die Tortenform geben, die Creme daraufleeren und verstreichen und mit der zweiten Biskuitlage abschließen. Einige Stunden kalt stellen und anschließend servieren.

TIPPS: Weiche Früchte nach Saison oder Beeren aller Art eignen sich nach Wunsch als Einlage!

Um ein Eintrocknen oder Oxidieren der Creme am Rand zu verhindern, empfiehlt es sich, am Beginn der Zubereitung eine dickere Plastikfolie am Tortenrand anzubringen.

AUF DEM BILD: Mit eingelegten Pfirsichen

Gelatine auflösen

BEEREN IM SCHOKOLADEMANTEL

BEEREN IM SCHOKOLADEMANTEL

ZUTATEN FÜR DAS BISKUIT

3 Eier
75 g Zucker
60 g Mehl
30 g Kakaopulver
1 TL Backpulver
Butter und Mehl für die Form

FÜR DIE SCHOKOLADENMOUSSE

120 g Dotter (etwa 6–7 Stück)
85 g Läuterzucker (halbe-halbe Zucker und Wasser, einmal aufgekocht)
260 g dunkle Schokolade mit mindestens 65 % Kakaoanteil
380 g Schlagsahne

Rote Früchte (Erdbeeren, Himbeeren etc.)
Rotes Tortengelee (Zubereitung nach Angaben des Herstellers)
150 g dunkle Schokolade
Melisse oder Minze

ZUBEREITUNG

Eier und Zucker aufschlagen, Mehl, Kakao und Backpulver versieben und diese Mischung unterheben. In eine gebutterte, bemehlte Springform füllen und bei etwa 180 °C 10–15 Minuten backen. Auskühlen lassen.

TIPP: Bei diesem Rezept liebe ich persönlich den hohen Cremeanteil. Wenn Sie mehr Biskuit möchten, sollten Sie das Rezept verdoppeln, und wenn das Biskuit fertig gebacken ist, dieses in der Mitte auseinanderschneiden. Dann eine Biskuithälfte als Boden und eine als Deckel verwenden.

Für die SCHOKOLADENMOUSSE die Sahne cremig aufschlagen und kühl stellen. Die Schokolade auf ca. 45 °C erwärmen.
Den Läuterzucker aufkochen und über die Dotter gießen. Diese Mischung dann unter ständigem kräftigen Rühren auf 85 °C erhitzen und kalt schlagen.

In die Schokolade einen kleinen Teil der Schlagsahne geben und kräftig glatt rühren. Die schaumige Eiermasse unterheben und zum Schluss die restliche Sahne vorsichtig untermischen.

ZUSAMMENBAUEN

Den Tortenringrand mit Frischhaltefolie auskleiden und das Biskuit wieder in den Tortenring legen. Auf das Biskuit nun die Schokoladenmousse geben und glatt streichen. Im Kühlschrank über einige Stunden oder über Nacht stocken lassen.

Rote Früchte ganz dicht auflegen und wenn gewünscht mit rotem Tortengelee dünn bepinseln.

AUSGARNIEREN

Zur finalen Ausgarnierung brauchen Sie etwa 150 g dunkle Schokolade und eine in Länge und Breite zum Tortenreifen passende starke Plastik- oder Alufolie, außerdem noch einige frische Kräuter.

Die Schokolade möglichst gleichmäßig auf die Folie streichen. Diese aufnehmen und um die sehr kalte Torte wickeln. Im Kühlschrank fest werden lassen und dann die Folie abziehen. Mit Melisse oder Minze ausgarnieren und servieren.

MANGO-SCHOKOLADENMOUSSE-TORTE

MANGO-SCHOKOLADENMOUSSE-TORTE

ZUTATEN

Kakaobiskuit-Tortenboden (siehe Rezept Seite 16, mit der halben Zutatenmenge)

FÜR DEN MANGOGELEEKERN

200 g	**Mangofruchtpüree**
20 g	**Zucker**
3 Bl.	**Gelatine**
10 g	**Likör (bevorzugt Passoã)**

FÜR DIE MANGO-SCHOKOLADEN-MOUSSE

30 g	**Läuterzucker**
80 g	**Dotter (4 Stück)**
100 g	**Mangofruchtpüree**
15 g	**Likör (Passoã)**
1 1/2 Bl.	**Gelatine**
250 g	**Milchschokolade mit ca. 40 % Kakaoanteil (z. B. Jivara lactee)**
250 g	**Schlagsahne**

FÜR DIE KAKAOGLASUR

20 g	**Pulvergelatine**
145 g	**Wasser**
215 g	**flüssige Sahne**
60 g	**Kakao**
150 g	**Schokolade mit mindestens 65 % Kakaoanteil**
10 g	**Butter**
270 g	**Zucker**

ZUBEREITUNG

Für den MANGOGELEEKERN einen Metallring o. Ä. vorbereiten (leicht nass machen und mit Frischhaltefolie bespannen oder Silikonbackformen verwenden). Gelatine gut ausdrücken, mit dem Likör auflösen und zum Fruchtmark und Zucker rühren. Die fertige Mischung in die gewünschte Form füllen und am besten über Nacht gefrieren.

Für die MOUSSE die Sahne cremig aufschlagen und kurz einkühlen. Schokolade auf ca. 45 °C erwärmen. Gelatine in sehr kaltem Wasser einweichen. Den Läuterzucker aufkochen und mit den Dottern unter ständigem Rühren auf ca. 85 °C abziehen. Anschließend Kessel wechseln und schaumig schlagen.

Gelatine gut ausdrücken, mit dem Likör auflösen und zum Fruchtmark rühren. Einen kleinen Teil der Sahne kräftig unter die Schokolade rühren und auch die Frucht-Gelatine-Mischung einarbeiten. Anschließend die Dottermasse unter diese Mischung heben und zum Schluss die restliche geschlagene Sahne unterheben.

Für die KAKAOGLASUR die Pulvergelatine mit 60 g Wasser verrühren. Sahne auf 80 °C erhitzen, Kakao, Schokolade, Zucker, restliches Wasser und Butter beigeben und diese Mischung ca. 20 Min. köcheln lassen. Achtung: Geht leicht über und brennt leicht an!

Zum Schluss die Gelatine-Wasser-Mischung beigeben, gut verrühren und auskühlen lassen.

FERTIGSTELLEN DER TORTE

Tortenreifen auf eine flache Unterlage setzen, darunter Backpapier geben, damit das Biskuit nicht anklebt. Folie am inneren Rand des Rings anbringen und Biskuit einlegen. Etwa die Hälfte der Mousse einfüllen, den gefrorenen Mangokern hineindrücken und mit der restlichen Mousse auffüllen. Glatt streichen und nach Möglichkeit einfrieren, damit sich die Torte bestmöglich glasieren lässt.

GLASIEREN

Die Glasur wieder auf ca. 40 °C erwärmen und rasch über die Torte leeren. Mit einer langen Palette in einem Arbeitsgang den Überschuss herunterstreichen, vom Glasiergitter nehmen und ausgarnieren. Auftauen lassen (ca. 2 Stunden), schneiden und servieren.

TIPP: Die restliche Glasur lässt sich im Kühlschrank ca. 1–2 Wochen gut verschlossen lagern. Kann immer wieder erwärmt werden.

SACHERTORTE

SACHERTORTE

ZUTATEN

120 g weiche Butter
120 g flüssige dunkle Schokolade (ca. 40 °C)
60 g Staubzucker
6 Dotter
6 Eiklar
140 g Kristallzucker
Salz
120 g Mehl

Marillenmarmelade nach Belieben

FÜR DIE GLASUR

190 g Butter
220 g Schokolade

Evtl. weiße Schokolade zur Garnierung

ZUBEREITUNG

Eiklar mit Zucker und Salz zu cremigem Schnee schlagen. Butter, flüssige Schokolade, Staubzucker und Dotter schaumig schlagen. Mit der Eiweißmasse vermischen und zum Schluss das Mehl unterheben.

In einen Tortenreifen füllen und bei ca. 165 °C etwa 50–60 Min. backen.

Auskühlen lassen, teilen und mit der Marillenmarmelade füllen. Mit Marmelade einstreichen und glasieren. Hierfür die Butter und die Schokolade auf etwa 35 °C erwärmen.

Glasieren

Für die BESCHRIFTUNG ein Stanitzel aus beschichtetem Backpapier schneiden und zusammendrehen.

Wenig Schokolade einfüllen, das Stanitzel eventuell ein bisschen aufschneiden und das Fließverhalten kontrollieren.

TIPP: Bei Unsicherheit rate ich, zur Probe zuerst auf Papier zu schreiben und dann die Torte zu beschriften.

MARZIPAN-ROSE

ZUTATEN

200–250 g rosa Marzipan
80–100 g grüner Marzipan
Stabile Plastikfolien (z. B. Overheadfolien)
Weiche Teigkarte
Evtl. Modelierhölzer

HERSTELLUNG

Für eine Rose benötigt man einen Stempel und mindestens 5 Blütenblätter. Die Stempelform entscheidet schon zu Beginn über das finale Aussehen der Rose.

Das Blütenblatt wird aus einer Kugel heraus geformt, indem man sie nach vorne hin flachdrückt. Beim Ansetzen der Blütenblätter am Stempel darauf achten, dass sie immer in der gleichen Höhe angebracht werden. Am natürlichsten schaut es aus, wenn man die Blütenblätter überlappend anbringt und leicht öffnet.
Grüne Blätter und Stiele formen und alles zusammen schön arrangieren.

Herstellung einer Marzipanrose

Torte beschriften

SCHNEEWITTCHEN

SCHNEEWITTCHEN

Für eine Torte oder 8 kleine Törtchen

ZUTATEN FÜR DIE SCHOKOLADESTREUSEL

100 g Kristallzucker
200 g weiche Butter
1 Ei
260 g Mehl (Typ 480)
40 g gesiebter Backkakao
Salz
Vanille
Zitrone

FÜR DIE JOGHURT-TOPFEN-CREME

250 g Joghurt
250 g Topfen (40 %)
220 g Zucker
Abrieb einer unbehandelten Zitrone
7 Bl. Gelatine
Saft einer Zitrone
500 g Schlagsahne

FÜR DAS ERDBEERGELEE

300 g pürierte, passierte Erdbeeren
60 g Zucker
4 Bl. Gelatine
20 g Cointreau

Gelatine auflösen

ZUBEREITUNG

Die weiche Butter mit dem Zucker, den Gewürzen und dem Ei verkneten, dann Mehl und Kakao vermischen und die gesiebte Mischung unterkneten, bis ein glatter Teig entsteht. Diesen kühlen und wenn er fest ist, mit einer groben Haushaltsreibe reiben. Die Krümel in einem Tortenreifen verteilen und bei ca. 165 °C knusprig backen. Die Krümel backen dann zusammen und ergeben so den Tortenboden.

Für die JOGHURT-TOPFEN-CREME die Gelatine in sehr kaltem Wasser einweichen.

Dann Topfen, Joghurt, Zucker und Zitronenabrieb gut verrühren und die Sahne cremig aufschlagen. Nun die Gelatine gut ausdrücken und mit dem Zitronensaft auf ca. 50 °C erwärmen. Einen kleinen Teil der Joghurtmasse zur Gelatine geben (zur Temperaturangleichung), dann diesen Teil zurück in den übrigen, großen Teil der Joghurtmasse leeren. Alles gut vermischen und zum Schluss die geschlagene Sahne unterheben. Diese Creme in die Tortenform füllen und kalt stellen.

Für das ERDBEERGELEE die Gelatine in sehr kaltem Wasser einweichen, dann gut ausdrücken und mit dem Cointreau auf ca. 50 °C erwärmen. Nun einen kleinen Teil des Erdbeerpürees zur Gelatine geben (zur Temperaturangleichung), dann diesen Teil zurück in den übrigen, großen Teil der Erdbeermasse leeren. Alles gut vermischen und auf die gestockte Joghurtcreme geben.

Gut durchkühlen lassen und servieren.

WEISSE SCHOKOLADEN-VANILLE-KUPPEL

MIT PASSIONSFRUCHT

WEISSE SCHOKOLADEN-VANILLE-KUPPEL
MIT PASSIONSFRUCHT

ZUTATEN FÜR DEN BRETONISCHEN MÜRBTEIG

110 g Dotter (6 Stück)
220 g Zucker
220 g weiche Butter
315 g Mehl
20 g Backpulver
2 g Salz
Zitrone
Vanille

FÜR DIE PASSIONSFRUCHT-MOUSSE

120 g Passionsfruchtmark
55 g Zucker
15 g Passoã (Passionsfruchtlikör)
3 1/2 Bl. Gelatine
250 g Schlagsahne

FÜR DIE WEISSE SCHOKOLADEN-VANILLECREME

250 g flüssige Sahne (60 °C)
300 g gehackte, weiße Schokolade
Mark von 2 Vanilleschoten
5 Bl. Gelatine
500 g Sahne
Nach Belieben Knusperperlen, wie sie auch für Müsli oder Joghurt verwendet werden

Tortengelee
Physalis, Ananasblätter und grobe Kokosflocken zum Garnieren

ZUBEREITUNG

Für den TEIG die Dotter mit Zucker und Gewürzen nur leicht schaumig schlagen, dann die weiche Butter, das Mehl und das Backpulver unterrühren. Man erhält einen weichen Teig bzw. eine feste Masse. Diese Masse zwischen zwei Backpapierbögen flach ausrollen. Das obere Papier abziehen und mit einem Tortenreifen ausstechen. Auf einem flachen Backblech bei 160–170 °C backen. Der Teig ist fertig gebacken, wenn er hellbraun ist.

Der Boden weist eine unübliche Optik auf, der Teig geht am Rand mehr auf als in der Mitte – dieser Effekt ist so gewünscht! Auskühlen lassen.

Für die MOUSSE die Gelatine in kaltem Wasser einweichen und die Sahne cremig aufschlagen. Das Passionsfruchtmark mit dem Zucker verrühren, die Gelatine ausdrücken und mit dem Passionsfruchtlikör auf ca. 50 °C erhitzen. Die aufgelöste Gelatine mit einem kleinen Teil des Passionsfruchtmarks gut verrühren und anschließend zum Passionsfruchtmark geben und nochmals gut verrühren. Nun die geschlagene Sahne unterheben und die Masse in die vorbereitete Halbkugelform füllen und am besten über Nacht gefrieren. Am Tag der Weiterverarbeitung die Kuppelform in warmes Wasser tauchen, die gefrorene Mousse mit einer Drehbewegung aus der Form herausnehmen und bis zur endgültigen Verwendung wieder in den Froster stellen.

Für die CREME die Gelatine in kaltem Wasser einweichen und die 500 g Sahne cremig aufschlagen. Die flüssige Sahne mit dem Mark der Vanilleschoten auf etwa 60 °C erhitzen, Gelatine ausdrücken und in die warme Sahne geben. Gut verrühren und über die weiße Schokolade leeren. Kurz warten und dann verrühren, bis man eine geschmeidige Masse erhält, die bis auf Zimmertemperatur abkühlen muss, damit sie weiterverarbeitet werden kann.
Wenn die Masse kalt genug ist, die geschlagene Sahne und eventuell die Knusperperlen unterheben. In die Kuppelform füllen und den Kern hineindrücken. Wieder gefrieren.

ZUSAMMENBAUEN UND AUSGARNIEREN

Am Tag des Anrichtens die vollendete Kuppel abermals mittels warmen Wassers aus der Form drehen und auf den gebackenen, ausgekühlten bretonischen Mürbteig stellen. Ein klares Tortengelee nach Angabe des Herstellers zubereiten. Wenn vorhanden, einige Passionsfruchtkerne beigeben und die Kuppel dünn bepinseln. Mit Physalis, Ananasblättern und groben Kokosflocken ausgarnieren. Langsam auftauen lassen und gekühlt servieren.

TIPPS: Bei dieser Köstlichkeit empfiehlt es sich, die Produktion der Torte auf mehrere Tage zu verteilen. Am 1. Tag den Kern und den Teig vorbereiten, am 2. Tag die Schokoladencreme zubereiten und am Tag des Servierens den Boden backen, die noch gefrorene Creme auf den Boden legen und ausgarnieren. Man kann natürlich auch den Teig, die Mousse und die Creme in einen normalen Tortenreifen füllen. Bei dieser Variante zuerst den Boden in einem Reifen backen und auskühlen lassen, die Passionsfruchtmousse einfüllen und kalt stellen und schließlich die Schokoladencreme einfüllen und abermals kalt stellen. Mit Tortengelee dünn bestreichen!

NOUGAT-PREISELBEER-CHARLOTTE

NOUGAT-PREISELBEER-CHARLOTTE

ZUTATEN

Biskotten
(siehe Rezept Seite 15)

FÜR DIE PREISELBEERCREME

100 g Preiselbeermarmelade
2 1/2 Bl. Gelatine
Saft einer Zitrone
200 g Schlagsahne

FÜR DIE NOUGATCREME

100 g geschmolzenes dunkles Nussnougat
3 Bl. Gelatine
50 g Apfelsaft
60 g Läuterzucker
3 Dotter
280 g Schlagsahne

Frische Ribiseln oder Preiselbeerkompott zum Ausgarnieren
Klares Tortengelee (nach Angabe des Herstellers zubereitet)

Gelatine auflösen

ZUBEREITUNG

Für die PREISELBEERCREME die Gelatine in kaltem Wasser einweichen, ausdrücken und mit dem Zitronensaft auflösen. Zu der Preiselbeermarmelade rühren und die geschlagene Sahne unterziehen. In eine Halbkugelform füllen und einfrieren.

Wenn die Kuppel gut durchgefroren ist, in heißes Wasser tauchen und die Creme rausdrücken. Wieder einfrieren.

Für die NOUGATCREME die Gelatine in kaltem Wasser einweichen, ausdrücken und mit dem Apfelsaft auflösen.

Läuterzucker aufkochen, über die Dotter leeren, kurz unter kräftigem Rühren bis ca. 85 °C weitererhitzen und dann kalt schlagen.

Die Gelatine zum Nougat geben und kräftig glatt rühren. Dann die schaumige Dottermasse und zum Schluss die Schlagsahne unterheben.

Zum FERTIGSTELLEN einen Tortenreifen mit Tortenrandfolie auslegen und die Biskotten erst am Rand und anschließend auf dem Boden einlegen. Dann den gefrorenen Kuppelkern auf dem Boden platzieren und mit der Nougatcreme bis knapp unter den Rand auffüllen.
Mindestens 2–3 Stunden einkühlen, mit roten Ribiseln oder abgetropftem Preiselbeerkompott auffüllen und mit klarem Tortengelee dünn bepinseln.

ORIGINAL SCHWARZWÄLDER KIRSCH

ORIGINAL SCHWARZWÄLDER KIRSCH

ZUTATEN

Kakaobiskuit als Tortenboden (siehe Rezept Seite 16)

FÜR DIE KIRSCHEN

1	**Glas Sauerkirschen (ca. 450–500 g)**
2 EL	**Speisestärke**
1 1/2 Bl.	**Gelatine**
	Zucker nach Belieben

FÜR DIE CREME

200 g	**fertiger, glatt gerührter Vanillepudding**
	Mark einer Vanilleschote
50 g	**Zucker**
6 Bl.	**Gelatine**
20 g	**Kirschwasser**
400 g	**Schlagsahne**

Schokospäne und Kirschen zum Garnieren

ZUBEREITUNG

Für die KIRSCHEN die Gelatine einweichen. Die Kirschen abtropfen lassen und den Saft mit dem Zucker aufkochen. Stärke mit wenig Wasser anrühren und den Kirschsaft damit zu fast puddingartiger Konsistenz abbinden. Gelatine ausdrücken und in den warmen Pudding einrühren. Leicht abkühlen lassen und die Weichseln wieder dazugeben.

Für die CREME den Pudding zubereiten oder gekaufte Ware vorbereiten und noch den zusätzlichen Zucker und das Vanillemark einrühren. Sahne aufschlagen. Gelatine in ganz kaltem Wasser einweichen, gut ausdrücken und mit dem Kirschwasser auflösen. Gelatine zum Pudding rühren, die Sahne unterheben und die Creme nun in einen Dressiersack füllen.

ZUSAMMENBAUEN DER TORTE

Das Biskuit zweimal teilen. Die unterste Schicht 2 mm dick mit Creme bestreichen und dann mit dem Dressiersack drei Ringe mit etwas Abstand von außen nach innen aufspritzen. Zwischen die Ringe die Kirschen mit möglichst wenig Sauce füllen. Die zweite Biskuitscheibe auflegen und gleich verfahren wie beschrieben. Den Deckel auflegen und die Torte mit der restlichen Creme einstreichen.

Nach Wunsch Rosetten aufdressieren und mit Schokospänen und Kirschen ausgarnieren.

DESSERTS UND EIS

GEBACKENE SCHOKOLADEPRALINÉS

MIT GEEISTEM ZITRUSWHISKY

GEBACKENE SCHOKOLADEPRALINÉS
MIT GEEISTEM ZITRUSWHISKY

Für mindestens 8 Personen

ZUTATEN FÜR DEN GEEISTEN ZITRUSWHISKY

500 g **frisch gepresster Zitrussaft (Orangen-, Limettensaft etc.)**
90 g **Zucker**
90 g **Whisky (Jack Daniels o. Ä.)**
8 Bl. **Gelatine**

FÜR DIE SCHOKOLADE-PRALINÉS

150 g **Sahne**
25 g **Zucker**
250 g **Milchschokolade**
125 g **dunkle Schokolade**
Ei, Mehl und Brösel zum Panieren

FÜR DEN BACKTEIG

250 g **Milch**
80 g **Dotter**
80 g **Öl**
Vanillezucker
200 g **Mehl**
70 g **Kakao**
120 g **Eiklar**
50 g **Zucker**
Salz

FÜR DIE LIMETTEN-VANILLE-SOSSE

200 g **Kokosmark (Tetrapak oder tiefgekühlt)**
250 g **Zucker**
80 g **Kokossirup (Monin)**
2 **Vanilleschoten (ausgekratztes Mark)**
5 **Limetten (nach Möglichkeit unbehandelt)**

ZUBEREITUNG

Ein möglichst flaches Blech mit Frischhaltefolie faltenfrei und dicht auslegen. Dieses dann möglichst waagrecht gefrieren lassen.

Die Gelatine in sehr kaltem Wasser etwa 15 Min. einweichen, ausdrücken und mit dem Whisky erwärmen. Zitrussaft mit dem Zucker verrühren und die aufgelöste Gelatine unterrühren. Die Flüssigkeit langsam auf das gefrorene Blech leeren und durchfrieren lassen.

Für die SCHOKOLADEPRALINÉS die Milchschokolade und die dunkle Schokolade schmelzen und vermischen, die Sahne mit dem Zucker aufkochen und über die Schokolade leeren. Etwa 5 Min. warten und gut durchrühren. Eine glatte, geschmeidige, glänzende Konsistenz sollte das Ergebnis sein. Auf ca. 15 °C abkühlen lassen und dann schaumig schlagen. Die Temperatur spielt hier eine wichtige Rolle: Ist die Masse zu „warm", lässt sie sich nicht aufschlagen, ist sie zu kalt, bekommt sie kein Volumen und Klümpchen lösen sich nicht auf. Das heißt, etwas Geduld ist angebracht, aber das fertige Ergebnis lässt die Mühe garantiert vergessen.

Wenn die Masse eine luftige, dressierfähige Konsistenz erreicht hat, Tupfen mit einem Durchmesser von ungefähr 5 cm auf Backpapier dressieren und etwa 4–5 Stunden einkühlen. Anschließend in Mehl, Ei und Bröseln panieren und bis zum Frittieren wieder einkühlen.

Für den BACKTEIG alle Zutaten auswiegen und das Eiklar mit dem Zucker und einer Prise Salz zu einem cremigen Schnee aufschlagen. Anschließend die restlichen Zutaten nur kurz zu einem Teig verrühren und den Schnee rasch unterheben. Ein zu lange gerührter Backteig wird zäh und leimartig.

Für die LIMETTEN-VANILLE-SOSSE von 2 Limetten die Schale fein abreiben und anschließend alle Limetten auspressen. Saft und Schale mit allen anderen Zutaten in einem Topf aufkochen. So lange köcheln lassen, bis sich eine sirupartige Konsistenz bildet. Vorsicht: Nicht zu lange kochen, denn beim Kaltstellen wird der Sirup noch dicker.

ANRICHTEN

Das Zitrusgelee ausstechen oder schneiden und auf Teller setzen. Das Gelee fängt nach einigen Minuten an, leicht zu zerlaufen, das Fett sollte also schon heiß sein, bevor man anfängt anzurichten!

Einen Topf zustellen, in dem etwa 5–6 cm hoch Pflanzenöl auf etwa 160–170 °C erhitzt werden kann; die panierten, noch gut gekühlten Pralinés durch den Backteig ziehen und frittieren.

Nun die Limettensoße auf dem Gelee und dem Teller verteilen, die abgetropften Pralinés leicht anzuckern und auf das Zitrusgelee setzen. Eventuell mit Knusperperlen, Minzeblättern o. Ä. ausgarnieren.

TIPP: Will man sich einige Stunden Arbeit ersparen, bieten sich als Alternative auch große Pralinenkugeln aus dem Supermarkt oder aus der Konditorei zur Weiterverarbeitung an.

Geeistes von der Kokosnuss mit

GIANDUJACREME UND MOCCASOUFFLÉ

GEEISTES VON DER KOKOSNUSS
MIT GIANDUJACREME UND MOCCASOUFFLÉ

ZUTATEN FÜR DAS KOKOSNUSSSORBET

500 g Kokosnussmark oder Kokosmilch aus dem Tetrapak
200 g Zucker
325 g Wasser
30 g Kokossirup (z. B. der Marke Monin)

FÜR DAS MOCCASOUFFLÉ

100 g weiche Butter
100 g flüssige Schokolade (etwa 45 °C)
40 g Staubzucker
6 Dotter
1 TL Löskaffee
6 Eiklar
40 g Zucker
100 g geriebene Mandeln
25 g Brösel

FÜR DIE GIANDUJA-KOKOS-CREME

250 g Sahne
50 g Kokossirup (z. B. Monin)
100 g Milchschokolade mit ca. 40 % Kakaoanteil
100 g dunkler Nougat (bevorzugt Gianduja)

FÜR DIE MUSCOVADOZUCKER-HIPPEN

100 g Muscovadozucker
50 g Eiweiß
30 g sehr weiche, fast flüssige Butter
30 g Mehl

ZUBEREITUNG

Für das SORBET alle Zutaten miteinander verrühren und mit einer Eismaschine gefrieren, bis das Sorbet cremig ist. In einen Behälter geben und bis zum Gebrauch einfrieren. Innerhalb der nächsten 2–3 Stunden verbrauchen, sonst wird das Sorbet zu fest.

Für das MOCCASOUFFLÉ die Butter schaumig schlagen, Staubzucker, Löskaffee und Dotter beigeben und nach und nach auch die Schokolade unterrühren. Dann das Eiklar mit dem Zucker zu cremigem Schnee schlagen und beide Teile zusammenmischen. Die Mandeln und Bröseln vermischen, unterheben und die Masse in gebutterte, gezuckerte Formen füllen. Im Dampfgarer bei ca. 85 °C 30 Min. pochieren oder im Wasserbad ebenfalls ca. 30 Min. garen.

Für die GIANDUJA-KOKOS-CREME 200 g Sahne aufschlagen. Die restliche Sahne und den Kokossirup aufkochen und über die Schokolade und das Nougat leeren. Kurz warten und verrühren. Sobald diese Mischung kalt ist, die Schlagsahne unterheben, in einen Dressierbeutel füllen und bis zum Gebrauch kalt stellen.

Für die HIPPEN alle Zutaten miteinander verrühren, für eine Stunde rasten lassen, dünn auf Backfolie streichen und bei 185 °C knusprig backen. Erkalten lassen und in Stücke brechen.

Alle vier Komponenten dekorativ auf Tellern arrangieren.

PFIRSICH MELBA

PFIRSICH MELBA

ZUTATEN

Vanilleeis-Grundmasse (siehe Rezept Seite 156)

FÜR DIE HIMBEERESPUMA

400 g **pürierte, fein passierte Himbeeren**
50 g **Zucker**
2 Bl. **Gelatine**
30 g **Zitronensaft**

FÜR DAS MANDELBAISER

100 g **Eiklar (etwa 3–4 Stück)**
100 g **Zucker**
Prise Salz
50 g **gesiebter Staubzucker**
30 g **fein geriebene Mandeln**
15 g **Mehl**

1 **Glas eingelegte Pfirsichspalten**
Himbeeren, püriert, passiert und leicht gezuckert

2 **Patronen für den ISI-Siphon**

ZUBEREITUNG

Für die HIMBEERESPUMA die Gelatine in kaltem Wasser einweichen, gut ausdrücken und mit dem Zitronensaft auflösen. Das Himbeerfruchtmark mit dem Zucker verrühren und die Gelatinelösung einrühren. In einen ISI-Siphon füllen und 1–2 Patronen einschrauben.

Gut schütteln und mindestens 2 Stunden liegend einkühlen. Abermals gut schütteln und als Topping auf den Eisbecher dressieren.

Für das MANDELBAISER Staubzucker, Mandeln und Mehl gründlich vermischen.

Eiklar mit dem Zucker und einer Prise Salz zu cremigem Schnee aufschlagen. Die Mandel-Mehl-Zucker-Mischung unterheben und auf eine Dauerbackmatte oder beschichtetes Backpapier dünn aufstreichen.

Bei etwa 175 °C goldbraun backen, auskühlen lassen und zum Anrichten in Stücke brechen.

ANRICHTEN DES EISBECHERS
Das Vanilleeis abwechselnd mit dem Himbeermark und den Pfirsichspalten in ein schönes, hohes Glas füllen. Mit der Himbeerespuma abschließen und das Mandelbaiser dazureichen.

Pfirsich Melba

Vanilleeis Zubereitung

VARIATIONEN VON DER CRÈME BRÛLÉE

VARIATIONEN VON DER CRÈME BRÛLÉE

Für 4 Portionen

ZUTATEN

100 g **Milch**
250 g **Sahne**
40 g **Zucker**
4 **Dotter**
Prise Salz

FÜR DIE KLASSISCHE CRÈME BRÛLÉE

Mark einer Vanilleschote

FÜR DIE ABWANDLUNG ZUR LAVENDEL-CRÈME-BRÛLÉE

1 **gehäufter EL Lavendelblüten**

FÜR DIE ABWANDLUNG ZUR MOCCA-CRÈME-BRÛLÉE

1 **schwacher EL Löskaffeepulver**

FÜR DIE ABWANDLUNG ZUR CREMA CATALANA

Abrieb einer unbehandelten Orange und Zitrone und 1/2 TL Zimt

Himbeeren, Brombeeren o. a. Beeren zum Ausgarnieren
Frischer Zitronenthymian
Staubzucker zum Abflämmen

Bunsenbrenner

ZUBEREITUNG

Alle Zutaten, ohne sie zu schaumig zu schlagen, verrühren und in kleine, feuerfeste Gefäße füllen. Diese dann auf ein Blech setzen, mit Frischhaltefolie abdecken und bei 88 °C für etwa 25–30 Min. im Dampfgarer „pochieren". (Wenn man daran rüttelt, sollte die Masse an einen Wackelpudding erinnern – sonst zur Sicherheit noch ein paar Minuten dazugeben.)

Folie entfernen und sofort kalt stellen.

Anschließend Staubzucker relativ dick mittels eines Siebes aufbringen und sofort mit dem Bunsenbrenner abflämmen. Mit den Beeren, frischen Kräutern oder nach eigenem Belieben garnieren und servieren.

TIPPS: Dieses Dessert kann auch bis zu einer Woche aufbewahrt werden. Hierzu nur die Folie nach dem Pochieren darauflassen und so einkühlen. Allerdings ist damit zu rechnen, dass sich Kondenswasser bildet und dies etwas hinderlich beim Abflämmen sein kann.

Eine Crème brûlée harmoniert auch ausgezeichnet mit selbstgemachtem Eis (siehe Rezept Seite 156 ff.).

STERNTALER-DESSERT

STERNTALER-DESSERT

ZUTATEN

Dunkles Kakaobiskuit (siehe Rezept Seite 16, halbe Menge der Zutaten)

FÜR DIE TRÄNKFLÜSSIGKEIT

50 g Inländerrum
50 g Läuterzucker

FÜR DIE SCHNELLE SCHOKOLADEN-ZIMT-CREME

250 g Qimiq (Zimmertemperatur)
150 g dunkle Schokolade (45 °C)
75 g Zucker
5 g Zimt
250 g Schlagsahne

FÜR DIE KOKOSMOUSSE

120 g Kokosmark (Tetrapak oder Tiefkühlware)
45 g Zucker
30 g Kokossirup der Marke Monin
3 1/2 Bl. Gelatine
250 g Schlagsahne

FÜR DAS FRUCHTGELEE

500 g Fruchtsaft
8 Bl. Gelatine
Hier kann man nach Belieben einen oder mehrere exotische Fruchtsäfte wählen. Der Saft sollte aber eher eine gelbliche Farbe haben, wie zum Beispiel von Maracuja oder Mango. Auf dem Foto finden sie auch Sterne aus Mandelbaiser (Rezept siehe Seite 141)

ZUBEREITUNG

Eine dunkle Biskuitroulade zubereiten, auskühlen lassen und das Backpapier abziehen. So auf ein etwa 3 cm tiefes Backblech legen, dass die Seite, die auf dem Backpapier war, nun oben ist. Diese nun mit der Rum-Läuterzucker-Mischung benetzen und beiseitestellen.

Für die SCHOKOLADEN-ZIMT-CREME die Sahne cremig aufschlagen. Das Qimiq mit der warmen Schokolade, dem Zimt und dem Zucker klumpenfrei verrühren. Die geschlagene Sahne unterheben, auf das Biskuit leeren und kalt stellen.

Für die KOKOSMOUSSE die Gelatine in kaltem Wasser einweichen und die Sahne cremig aufschlagen. Das Kokosmark mit dem Zucker verrühren, die Gelatine ausdrücken und mit dem Kokossirup auf ca. 50 °C erhitzen. Zur aufgelösten Gelatine einen kleinen Teil des Kokosmarks geben. Dies gut verrühren und anschließend wieder unter das restliche Kokosmark rühren. Nun die geschlagene Sahne unterheben und die Masse auf der Schokoladen-Zimt-Creme verteilen, glatt streichen und einfrieren.

Für das FRUCHTGELEE die Gelatine in kaltem Wasser einweichen, gut ausdrücken und in einem kleinen Teil des Fruchtmarks auflösen. Dann in den restlichen Fruchtsaft einrühren und auf ein mit Frischhaltefolie belegtes Randblech leeren und kalt stellen. Nach einigen Stunden sternförmig ausstechen.

ANRICHTEN: Fruchtgeleesterne auf Teller legen. Das Blech mit der Mousse etwa 15 Minuten antauen lassen. In einem kleinen Topf etwa 5 cm hoch warmes Wasser vorbereiten und den Zimtsternausstecher nach jedem Ausstechen hier kurz hineinstellen. Nun mit dem Ausstechen beginnen und die einzelnen Sterne am besten gleich auf die Teller zwischen die Geleesterne verteilen.

TIPPS: Das Biskuit als Unterlage erleichtert das Ausstechen und Anrichten der Zimtsterne.
Wer es sich leichter machen möchte, kann auch einfach die beiden Cremes in Gläser füllen und das Gelee nicht ausstechen, sondern nur schneiden.

TIRAMISU MIT KARAMELLISIERTEM MILCHSCHAUM

TIRAMISU
MIT KARAMELLISIERTEM MILCHSCHAUM

ZUTATEN

Biskotten (siehe Rezept Seite 15)

FÜR DIE MASCARPONEMASSE

500 g	**Mascarpone**
4	**Dotter**
4	**Eiklar**
80 g	**Zucker**
40 g	**Eierlikör**
300 g	**gekühlte H-Milch**
	Staubzucker

FÜR DIE TRÄNKFLÜSSIGKEIT

Ca. 250–300 g	**starker Espresso**
	Schuss Mandellikör nach eigenem Geschmack
	Süßen nach eigenem Geschmack

Bunsenbrenner

ZUBEREITUNG

Den Mascarpone etwa eine Stunde vor der Verarbeitung aus dem Kühlschrank nehmen.

Zu Beginn Mascarpone und Eierlikör zu einer klumpenfreien Masse verrühren. Eiklar und Zucker zu Schnee schlagen und die Dotter ebenfalls schaumig schlagen.

In die MASCARPONEMASSE die schaumigen Dotter und anschließend den cremigen Schnee unterheben. Rasch alternierend mit getränkten Biskotten in eine Kokotte oder in Gläser abfüllen.

TIPP: Wenn die Masse stabiler bzw. schnittfester bleiben soll, einfach 2 1/2 Blätter Gelatine einweichen, im Eierlikör auflösen und unter den Mascarpone rühren. Alle anderen schaumigen Massen sollten allerdings schon aufgeschlagen sein, damit sich in der Zwischenzeit keine Klumpen bilden können. Einschichten wie gehabt.

ANRICHTEN

Milchschaum am besten mittels elektrischen Milchschäumers zubereiten, da es einen sehr kompakten Milchschaum braucht, um ihn karamellisieren zu können. Diesen dann auf die Gläser verteilen, anzuckern und mit einem Bunsenbrenner abflämmen.
Unverzüglich servieren!

VANILLEEIS MIT ABWANDLUNGEN

VANILLEEIS-GRUNDMASSE

ZUTATEN

500 g Milch
500 g Sahne
240 g Zucker
12 Dotter
Prise Salz
2 Vanilleschoten (das Mark auskratzen, Mark und Schoten miterhitzen)

Vanilleeis Zubereitung

ZUBEREITUNG

Dotter mit etwa zwei Dritteln des Zuckers verrühren. Den Rest des Zuckers mit Sahne, Milch, Salz und Vanilleschoten in einem Topf erhitzen. Einen Teil der heißen Milchmischung zu der Dottermasse geben, gut verrühren und in den Topf zurückleeren. Unter ständigem Rühren auf 85 °C erhitzen. Nicht kochen, da sonst das Eiweiß ausflockt! Bei 85 °C sofort in ein anderes Gefäß umfüllen, auskühlen lassen und am besten über Nacht reifen lassen.

Am nächsten Tag die Vanilleschoten entfernen und in der Eismaschine zu cremigem Eis gefrieren.

ABWANDLUNG ZU LAVENDELEIS

Statt der Vanilleschoten 15 g Lavendelblüten verwenden, Zubereitung wie oben.

ABWANDLUNG ZU ZITRONENTHYMIANEIS

Statt der Vanilleschoten 60 g Zitronenthymian verwenden, Zubereitung wie oben.

WEISSES KAFFEEEIS

ZUTATEN

570 g Milch (60 °C)
100 g ganze Kaffeebohnen
500 g Sahne
220 g Zucker
4 Dotter
4 Eier
Prise Salz

ZUBEREITUNG

Eier, Dotter und etwa ein Drittel des Zuckers verrühren.

Die Kaffeebohnen in der heißen Milch ca. 15 Min. ziehen lassen und abseihen. Die Kaffeemilch mit der Sahne, dem restlichen Zucker und dem Salz in einem Topf aufkochen. Einen Teil der heißen Kaffee-Milch-Mischung zu der Eier-Dotter-Masse geben, gut verrühren und in den Topf zurückleeren. Unter ständigem Rühren auf 85 °C erhitzen. Nicht kochen, da sonst das Eiweiß ausflockt! Bei 85 °C sofort in ein anderes Gefäß umfüllen, auskühlen lassen und am besten über Nacht reifen lassen.

Am nächsten Tag in der Eismaschine zu cremigem Eis gefrieren.

DUNKLES SCHOKOLADENEIS

ZUTATEN

500 g Milch
500 g Sahne
230 g Zucker
12 Dotter
Prise Salz
1 Vanilleschote (das Mark auskratzen, Mark und Schote miterhitzen)
660 g dunkle Schokolade mit mindestens 60 % Kakaoanteil

ZUBEREITUNG

Schokolade in grobe Stücke hacken und in eine Schüssel geben, in der später auch die ganze heiße Eismasse noch Platz haben muss!

Dotter mit etwa zwei Dritteln des Zuckers verrühren.

Den Rest des Zuckers mit Sahne, Milch, Salz und Vanilleschote in einem Topf erhitzen. Einen Teil der heißen Milchmischung zu der Dottermasse geben, gut verrühren und in den Topf zurückleeren. Unter ständigem Rühren auf 85 °C erhitzen. Nicht kochen, da sonst das Eiweiß ausflockt! Bei 85 °C sofort über die Schokolade leeren, verrühren, auskühlen lassen und am besten über Nacht reifen lassen.

Am nächsten Tag die Vanilleschote entfernen und in der Eismaschine zu cremigem Eis gefrieren.

GENERELLER TIPP ZU DEN EISREZEPTEN

Da keine chemischen Zusätze oder Aufschlagmittel verwendet werden, schmeckt das Eis frisch gefroren am besten. Wenn es länger als 5 Stunden gefroren ist, härtet es aus, lässt sich dann aber immer noch gut zum Beispiel zu Eiskaffee verarbeiten.

WEIHNACHTLICHE SCHOKOLADENMOUSSE

MIT WINTERLICHEN FRÜCHTEN

WEIHNACHTLICHE SCHOKOLADENMOUSSE
MIT WINTERLICHEN FRÜCHTEN

Für mindestens 8 Personen

ZUTATEN FÜR DIE GEWÜRZSCHOKOLADEN-MOUSSE

100 g	Nougat
100 g	Marzipan
30 g	Amaretto oder beliebiger aromatischer Alkohol
10 g	Wasser
15 g	Lebkuchengewürzmischung (gekauft oder selbst gemischt)
135 g	Dotter (7 Stück)
100 g	Läuterzucker (Zucker und Wasser zu gleichen Teilen schon einmal aufgekocht)
300 g	dunkle Schokolade
430 g	Sahne

FÜR DAS ROTWEINBUTTEREIS

500 g	Portwein
500 g	Rotwein
2	Beutel roter Früchtetee
100 g	Heidelbeeren
300 g	Kirschsaft
1 St.	Zimtrinde
	Mark einer Vanilleschote
170 g	Zucker
4	Dotter
15 g	Zucker
190 g	sehr kalte Butterflocken
3 Bl.	Gelatine, in kaltem Wasser eingeweicht

Geschmolzene Schokolade zum Verzieren
Silber- und Goldperlen in verschiedenen Größen
Orangenfilets, Dattelspalten, Feigen etc.
Früchtepunsch

ZUBEREITUNG

Für die GEWÜRZSCHOKOLADEN-MOUSSE Nougat und Marzipan einfrieren, dann würfelig schneiden und sofort wieder einfrieren.

Amaretto und Wasser mit dem Gewürz aufkochen und beiseitestellen.

Schokolade schmelzen (auf etwa 45 °C). Sahne aufschlagen und kalt stellen. Läuterzucker und Dotter unter ständigem Rühren auf etwa 85 °C erhitzen und sofort kalt schlagen. In die flüssige Schokolade die warme Gewürz-Alkohol-Mischung und einen kleinen Teil der Schlagsahne kräftig einrühren. Dann die kalte und voluminöse Dottermasse und zum Schluss die Schlagsahne und die Würfel unterheben.
In mit Folie ausgelegte Form oder ein Blech füllen und einfrieren.

Für das ROTWEINBUTTEREIS Rot- und Portwein zusammen in einem Topf auf ein Drittel einkochen lassen und beiseitestellen. Die Heidelbeeren, den Kirschsaft, die Teebeutel und die Gewürze zu dieser Reduktion geben und auf etwa 85 °C erhitzen.

In der Zwischenzeit die 170 g Zucker zu Karamell schmelzen und mit der heißen Flüssigkeit abschrecken. Kurz warten, bis alle Karamellklümpchen aufgelöst sind. Dotter und 15 g Zucker vermischen und unter ständigem Rühren beigeben, die kalte Butter einmontieren und die ausgedrückte Gelatine zur heißen Masse geben. Um eine möglichst homogene Masse zu bekommen, diese möglichst gut mit einem Stabmixer mixen.

In einem kalten Wasserbad abkühlen lassen und anschließend in der Eismaschine gefrieren. Durch den Alkohol- und Zuckergehalt erhält man ein sehr weiches Eis. Am besten einen Tag vor Gebrauch zubereiten, damit alles noch schön fest werden kann.

ANRICHTEN

Nach Belieben herbstliche Früchte wie Orangenfilets, Dattelspalten, Feigen etc. vorbereiten. Die Schokoladenmousse ausstechen oder schneiden und noch in gefrorenem Zustand auf die schon verzierten Teller legen. Wenn sie dann aufgetaut ist, die Früchte darauf arrangieren und dazwischen die Eisnockerln platzieren.

KEKSE

DINKEL-GEWÜRZ-SCHNITTCHEN

DINKEL-GEWÜRZ-SCHNITTCHEN

ZUTATEN FÜR DIE FRÜCHTEMISCHUNG

150 g Rosinen
150 g Zitronat
150 g Aranzini
150 g gehackte geröstete Mandeln
500 g Wasser
100 g Rum

FÜR DEN TEIG

220 g weiche Butter
400 g Honig
Prise Salz
280 g Ei (6–7 Stück)
700 g Dinkelvollkornmehl
25 g Lebkuchengewürz
20 g Kakaopulver
25 g Backpulver

Temperierte dunkle Schokolade oder Sachertorten-Glasur (siehe Rezept Seite 110)

ZUBEREITUNG

Die Früchtemischung am Vortag mit der Wasser-Rum-Mischung einweichen.

Dinkelmehl, Gewürz, Kakao und Backpulver versieben.

Butter mit Honig und Salz aufschlagen, Eier nach und nach beigeben und anschließend die Mehlmischung unterrühren. Früchte beigeben und auf ein mit Backpapier belegtes Blech streichen. Bei etwa 175–190 °C für ca. 30–40 Minuten backen.

Auskühlen lassen, nach Wunsch leicht mit der vom Einweichen übrigen Wasser-Rum-Mischung tränken. Auf die gewünschte Größe zuschneiden und mit temperierter dunkler Schokolade oder Sachertorten-Glasur glasieren.

LINZER AUGEN

LINZER AUGEN

ZUTATEN

	Mürbteig (siehe Rezept Seite 17)
Etwa 200–300 g	**Marillen- oder Ribiselmarmelade**
	je nach Belieben Staubzucker für die Deckel

ZUBEREITUNG

Den Mürbteig beim Ausrollen kurz ankneten und mit möglichst wenig Staubmehl auf die gewünschte Stärke ausrollen. Mittels eines kleinen gerillten Ausstechers die Kekse ausstechen und bei der Hälfte mit einer glatten Lochtülle ein Loch in der Mitte ausstechen.

Auf mit Backpapier belegte Bleche legen und bei etwa 170 °C goldgelb ausbacken.

Auskühlen lassen, die Deckel leicht anzuckern, die Böden mit Marillen- oder Ribiselmarmelade bestreichen und die angezuckerten Deckel darauflegen.

TIPPS: Damit die Augen möglichst schön werden und glänzen, einen kleinen Teil der Marmelade aufkochen, auf etwa 40–50 °C auskühlen lassen und mittels eines Papierstanitzels in die Löcher spritzen. Dann bildet die Marmelade eine Haut und nach dem vollständigen Auskühlen kann man die Linzer Augen in gut schließenden Dosen lagern.

Da man Mürbteig für mehrere Sorten Teegebäck brauchen kann, empfiehlt es sich, gleich eine größere Menge davon herzustellen. Der Teig kann problemlos in Frischhaltefolie verpackt bis zu einer Woche im Kühlschrank aufbewahrt werden.

Mürbteig ausrollen

MANDELCRACKER

MANDELCRACKER

ZUTATEN FÜR DEN TEIG

1 Ei
3 Dotter
1 Pkg. echter Vanillezucker
Prise Salz
1 TL Zimt
200 g weiche Butter
210 g gesiebter Staubzucker
220 g Mehl
210 g Mandeln mit Schale, fein gerieben

Grob gehackte Mandeln zum Bestreuen
Verquirltes Ei zum Bestreichen
Staubzucker zum Ausfertigen
Evtl. dunkle Glasurmasse

Mürbteig ausrollen

ZUBEREITUNG

Die weiche Butter mit den Gewürzen, Ei, Dotter und Staubzucker verkneten, Mandeln und Mehl vermischen und zum Schluss kurz unterkneten. Dies ergibt einen recht weichen Mürbteig, der am besten in Frischhaltefolie eingeschlagen und über Nacht gekühlt werden sollte.

Den Teig zwischen zwei Backpapierblättern auf eine Stärke von ca. 5–6 mm ausrollen, mit Ei bestreichen und mit den gehackten Mandeln dicht bestreuen. Anschließend in die gewünschte Form schneiden und auf ein mit Backpapier belegtes Blech geben. Bei ca. 180 °C goldgelb backen – die Mandeln sollen eine schöne Röstfarbe aufweisen.

Auskühlen lassen und nach Belieben mit Staubzucker oder dunkler Glasurmasse ausgarnieren.

TIPPS: Mandeln können durch andere Nüsse ersetzt werden. Besonders interessant schmeckt die Variation mit Kürbiskernen! Für den Fall, dass der Teig während des Ausrollens zu weich wird, zieht man ihn mit dem Papier auf ein Blech und stellt ihn nochmals kalt.

PUNSCHDUKATEN

PUNSCHDUKATEN

ZUTATEN
FÜR DEN TEIG

200 g **weiche Butter**
100 g **Staubzucker**
2 **Dotter**
1 Pkg. **echter Vanillezucker**
Prise Salz
Mark von 2 Vanilleschoten
330 g **Mehl**
100 g **geriebene Mandeln, wenn möglich ohne Schale**

FÜR DIE
PUNSCHFÜLLE

60 g **Wasser**
60 g **Zucker**
100 g **Honig**
10 g **Vanillezucker**
60 g **Inländerrum**
180 g **geriebene, wenn möglich geröstete Haselnüsse**

2 Becher **rosa Punschglasur oder Fondant vom Konditor**
Perlen oder Pistazien zum Garnieren

ZUBEREITUNG

Die weiche Butter mit Dottern, Staubzucker, Vanillezucker, Vanillemark und Salz glatt kneten. Mehl und Mandeln vermischen und kurz unterkneten, mit Folie verpacken und einige Stunden kühl stellen.

Auf eine ungefähre Stärke von 3 mm ausrollen und rund ausstechen. Auf Bleche legen und bei etwa 170 °C goldgelb backen. Auskühlen lassen und mit der Punschfülle zusammensetzen.

Für die PUNSCHFÜLLE Wasser, Zucker, Honig und Vanillezucker aufkochen und die Nüsse einrühren. Rum zugeben und auf die Hälfte der Kekse verteilen. Anschließend die Punschglasur nach Angabe des Herstellers auflösen und dünn auf die Oberseite der restlichen Kekse streichen. Perlen oder Pistazien aufstreuen und diese glasierten Deckel vorsichtig auf die Punschfülle drücken.

Über Nacht antrocknen lassen und am nächsten Tag in gut schließende Dosen füllen.

Mürbteig ausrollen

SCHWARZ-WEISS-GEBÄCK

SCHWARZ-WEISS-GEBÄCK

ZUTATEN FÜR BEIDE MÜRBTEIGE

100 g Staubzucker
200 g weiche Butter
Salz
Mark einer Vanilleschote bzw. Vanillezucker
300 g Mehl
30 g Kakao
1 Dotter
1 Eiklar

Mürbteig ausrollen

ZUBEREITUNG

Staubzucker, Vanillemark bzw. Vanillezucker, Salz und Butter verkneten. Dann das Mehl kurz unterkneten und den Teig halbieren.

In eine Hälfte den gesiebten Kakao und den Dotter unterkneten und dann beide Teige mit Frischhaltefolie einpacken und einige Stunden kühl rasten lassen.

Beim Ausrollen darauf achten, dass der Teig nicht zu warm wird.

Für die SPIRALOPTIK die zwei verschiedenen Teige ganz gleichmäßig auf ca. 3 mm Stärke ausrollen, dünn mit Eiklar bestreichen und die Platten zusammenkleben, einrollen, kühl stellen und schneiden. Auf Backpapier legen und goldgelb ausbacken. Auskühlen lassen und in gut schließende Dosen geben.

Für die KAROOPTIK die Teige auf eine Stärke von etwa 1 cm ausrollen. Dann mittels Lineal 1 cm breite Streifen herunterschneiden und jeweils 2 helle und 2 dunkle Streifen versetzt zu einem Block mit wenig Eiklar zusammenkleben. Dieses 4er-Gebilde dann einkühlen und mit einer dünnen Lage weißem Mürbteig (ca. 2 mm dick) einschlagen.
Wieder kühlen, dann in Scheiben schneiden und wie oben beschrieben backen und verpacken.

TIPP: Für den Fall, dass der Teig während des Ausrollens zu weich wird, zieht man ihn mit dem Papier auf ein Blech und stellt ihn nochmals kalt.

SPRITZGEBÄCK MIT „GELINGGARANTIE“

SPRITZGEBÄCK MIT „GELINGGARANTIE"

ZUTATEN FÜR DEN SPRITZMÜRBTEIG

220 g weiche Butter
80 g Staubzucker
Schalenabrieb einer halben Zitrone
Vanillezucker bzw. Mark einer Vanilleschote
1 Ei
2 Dotter
280 g Mehl
15 g Stärke

Ca. 2 Becher Schokolade Glasurmasse oder temperierte Schokolade
Passierte Marillenmarmelade

Einwegdressiersäcke
Sterntülle

ZUBEREITUNG

Die weiche Butter mit dem Staubzucker, dem Zitronenabrieb und der Vanille schaumig schlagen, Mehl und Stärke vermischen. Langsam das Ei und die Dotter einrühren und zum Schluss die versiebte Mehl-Stärke-Mischung von Hand mittels Gummispatel unterrühren.

Auf mit Backpapier vorbereitete Bleche dressieren und bei 175 °C goldgelb ausbacken. Auskühlen lassen und mit der passierten Marillenmarmelade zusammenkleben. Dann in die aufgelöste Glasurmasse oder in die temperierte Schokolade tunken.

Wenn die Glasurmasse angezogen hat, die Kipferl in gut schließende Dosen geben.

VANILLEKIPFERL

VANILLEKIPFERL

ZUTATEN

200 g weiche Butter
100 g Staubzucker
1 Dotter
1 Pkg. echter Vanillezucker
Prise Salz
Mark von 2 Vanilleschoten
280 g Mehl
100 g geriebene Mandeln, wenn möglich ohne Schale

Vanillezucker-Staubzucker-Mischung zum Panieren

ZUBEREITUNG

Die weiche Butter mit Dottern, Staubzucker, Vanillezucker, Vanillemark und Salz glatt kneten. Dann das Mehl und die Mandeln vermischen und kurz unterkneten, mit Folie verpacken und einige Stunden kühl stellen.

Stränge formen und davon gleichmäßige Stücke abschneiden. Kipferl formen und auf die mit Backpapier vorbereiteten Bleche legen.

Bei ca. 170 °C hellbraun ausbacken, leicht überkühlen lassen und dann in der Zuckermischung panieren.

Restlos auskühlen lassen und in gut verschließbare Dosen füllen.

MACARONS „ROT-WEISS-ROT“

MACARONS „ROT-WEISS-ROT"

ZUTATEN FÜR DIE GRUNDMASSE

- 300 g **feinst geriebene und noch zusätzlich ausgesiebte weiße Mandeln**
- 300 g **gesiebter Puderzucker**
- 110 g **Eiklar (3–4 Stück)**
- 30 g **Zucker**
- 110 g **Eiklar (3–4 Stück)**
- 300 g **Zucker**
- 100 g **Wasser**
- **Rote Lebensmittelfarbe, wasserlöslich, aber noch nicht aufgelöst!**

FÜR DIE ZITRONEN-BUTTERCREME (FÜLLUNG)

- 150 g **Sahne**
- **Abrieb von zwei unbehandelten Zitronen**
- 200 g **weiße Schokolade**
- 250 g **weiche Butter**
- **evtl. Pistazienpaste**

ZUBEREITUNG

Geriebene Mandeln und Puderzucker mischen. Wenn diese nicht fein genug sind, in der Moulinette nochmals zusammenmixen, bis ein möglichst feines Pulver entsteht. 110 g Eiklar mit diesem Pulver verrühren und beiseitestellen.
Die restlichen 110 g Eiklar mit den 30 g Zucker leicht anschlagen.

Die 300 g Zucker mit dem Wasser auf 116 °C aufkochen und in das Eiklar einlaufen lassen. Kalt schlagen und die Farbe beigeben.

Das Mandel-Zucker-Eiweiß-Gemisch dazugeben, bis eine zäh fließende Konsistenz erreicht ist, und in gewünschter Größe auf Backpapier oder Dauerbackmatten dressieren.
Bei ca. 150 °C und minimal geöffneter Ofentür backen, bis sich die Macarons problemlos vom Backpapier lösen lassen. Auskühlen lassen.

Für die FÜLLUNG die Sahne mit dem Zitronenabrieb aufkochen und über die weiße Schokolade gießen, eventuell Pistazienpaste beigeben, klumpenfrei vermixen und kalt stellen, am besten einige Stunden oder über Nacht. Vor Gebrauch wieder zimmerwarm werden lassen.

Die weiche Butter aufschlagen. Die zimmerwarme Schokoladencreme nach und nach beigeben. Auf die Hälfte der Macarons dressieren und die Deckel leicht andrücken. Am besten über einige Stunden oder über Nacht durchziehen lassen.

TIPP: Beim Backen ist Genauigkeit oberstes Gebot, bei diesem Rezept ist es aber ganz besonders wichtig, sich exakt an die Mengenangaben zu halten.

GLOSSAR

ZUTATEN

Cointreau	Orangenlikör
Franchipan	Masse aus Butter und Marzipan – Füllung für Blätterteige, Tartes o. Ä.
Gianduja	Nuss- oder Mandelnougatmasse
Jivara lactee	Milchschokolade der Marke Valrhona
Mascarpone	italienischer Doppelrahm-Frischkäse
Monin	Hersteller von aromatischen Sirupen
Muscovadozucker	Zuckerrohr-Rohzucker mit melasseartigem Geschmack
Passoã	Passionsfruchtlikör
Persipan	marzipanähnliche Masse, die aus Aprikosen- oder Pfirsichkernen hergestellt wird
Physalis	Kapstachelbeere, Andenbeere
Qimiq	Sahne-Gelatine-Basis

KLEINES ÖSTERREICHISCH-DEUTSCHES KÜCHENVOKABULAR

(Ei-)Dotter	Eigelb
Eiklar	Eiweiß
Kletzen	Dörrbirnen
Marille	Aprikose
Ribisel	Johannisbeere
(Schlag-)Obers	(Schlag-)Sahne
Staubzucker	Puderzucker
Topfen	Quark
Zwetschke	Zwetsch(g)e

FACHAUSDRÜCKE

brandig	ein Mürbteig, der zu lange geknetet wird und die Bindung verliert
blindbacken	einen Mürbteig hell vorbacken, damit er im zweiten Backschritt nicht teigig bleibt
Charlotte	mit Biskuit oder Biskotten ummantelte Torte
glasieren	mit Schokolade oder anderen Überzugsmassen eine Torte überziehen
Läuterzucker	Wasser-Zucker-Mischung im Verhältnis 1 : 1, einmal aufgekocht
temperieren	Schokolade unter Bewegung und in kurzer Zeit auf die richtige Verarbeitungstemperatur bringen

MENGENANGABE BEI EIERN

1 Dotter = ca. 15–20 g
1 Eiklar = ca. 25–30 g
1 ganzes Ei Größe M = ca. 50–55 g

ALLE REZEPTE AUF EINEN BLICK

REGISTER

Tradition beleben

Im modernen Zeitalter gewinnt Tradition und lokales Wissen stetig an Bedeutung. Wir suchen Erdung und Natur, um uns wieder mit dem Ursprung zu verbinden und unsere Sehnsucht nach der „Heilen Welt" zu stillen. Zukunft kommt von Herkunft und führt uns dabei zu uns selbst.

Lassen Sie sich von unserer Begeisterung anstecken, besuchen Sie uns und entdecken Sie dabei Wunderbares:

DIE ERDUNG IN DER TRADITION.

DER WILDE EDER – ERDUNG IN DER TRADITION. I DORF 3, 8171 ST. KATHREIN AM OFFENEGG, AUSTRIA
TEL. +43 (0) 3179 / 8235-0 I FAX +43 (0) 3179 / 8235-5 I INFO@WELLNESS-EDER.AT I WWW.WELLNESS-EDER.AT

DER ★★★★
wilde
EDER

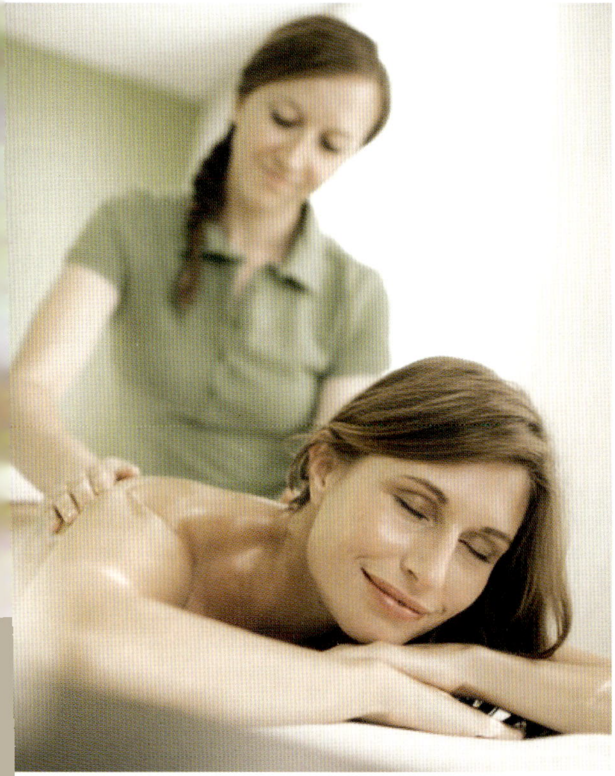

Die Autorin

EVELINE WILD, geboren 1980, ist Fernsehköchin und vielfach ausgezeichnete Meister-Patissière (2001 Goldmedaille Berufsweltmeisterschaft World Skills in Seoul/Südkorea, 2006 Bronzemedaille beim Teambewerb Culinary World Cup Luzern, 2011 2. Platz beim Cru de cao in Köln, 2017 Rolling Pin Award „Patissier des Jahres“). 2017 wurde ihr vom renommierten Restaurantführer „Gault & Millau“ die Auszeichnung „Patissier des Jahres“ verliehen.
Ab 2012 trat Eveline Wild regelmäßig in der ORF-2-Sendung „Frisch gekocht“ auf; ab 2014 war sie Jurorin in der ZDF-Backshow „Deutschlands bester Bäcker“. Ab April 2018 ist sie in der neuen ORF-Kochsendung „Schmeckt perfekt“ am Start.
www.eveline-wild.at

Der Fotograf

STEFAN EDER, geboren 1981, Küchenmeister – Diplomierter Ernährungstrainer – Stationen am Arlberg und im Ausland – Eigentümer Hotel Der Wilde EDER – Kolumnist. Durch das Hobby Naturfotografie und die Berufung als Koch entwickelte sich die Leidenschaft zur Food-Fotografie.

STYRIA
BUCHVERLAGE

Wien – Graz – Klagenfurt

ISBN 978-3-222-14022-8

Überarbeitete und erweiterte Neuauflage
der Erstausgabe von 2014

Bücher aus der Verlagsgruppe Styria gibt es
in jeder Buchhandlung und im Online-Shop
www.styriabooks.at

Fotos: Alle Stefan Eder
(außer: www.der-macher.at: Cover, 4, 8, 145, 181, 188/189, 198/199; Karl Schrotter: 185)
Coverfoto: www.dermacher.at
Covergestaltung: Bruno Wegscheider, Emanuel Mauthe
Buchgestaltung: Bruno Wegscheider
Grafik: Florian Zwickl
Lektorat: Josef Weilguni

Druck und Bindung: Finidr
Printed in the EU
7 6 5 4 3 2 1